I0116926

LES CLIENTS

DE VOLTAIRE

LES CLIENTS

DE

VOLTAIRE

DISCOURS

PRONONCÉ A L'OUVERTURE DE LA CONFÉRENCE DES AVOCATS

LE 26 DÉCEMBRE 1868

PAR

RAOUL CALARY

AVOCAT A LA COUR IMPÉRIALE

———⌇∞∞⌇———

PARIS

IMPRIMERIE DE J. CLAYE

7, RUE SAINT-BENOIT, 7

—

1868

LES CLIENTS

DE VOLTAIRE

Monsieur le Batonnier,

Messieurs et chers Confrères,

Trente années devaient s'écouler encore avant la Révolution de 89, et cependant la France de Richelieu et de Louis XIV avait déjà subi une profonde transformation. Sans doute, rien n'était changé extérieurement ; les formes étaient les mêmes ; les fondements sur lesquels on avait édifié la monarchie française, clergé, noblesse, parlements, subsistaient en apparence : mais, si nous examinons cette époque d'un regard plus attentif, nous sommes frappés du travail de destruction qui s'était accompli. A côté d'un monarque indifférent au bien public et dégradé par de honteux plaisirs, nous trouvons un clergé dominé par l'esprit de cour, dont les membres les plus élevés n'ont souvent d'autres titres qu'un grand nom ou les grâces de leu esprit ; une noblesse dégénérée de la force et de la fierté

d'autrefois, qui n'a conservé du temps féodal que des
mœurs corrompues et des habitudes insolentes, qui n'est
plus une classe politique, pas même une classe militaire,
et qui, devenue inutile, a perdu désormais toute raison
d'être; des parlements enfin, étrangers au progrès des esprits, parfois encore hardis devant le Pouvoir, mais faibles
devant l'opinion, le plus souvent occupés de mesquines
difficultés théologiques et qu'un véritable intérêt politique
ou social n'émeut pas : de toutes parts, en un mot, les éléments « destinés à servir de défense à la société » tombent
d'eux-mêmes en dissolution, et, si la réforme n'a pas pénétré dans les institutions, elle est déjà faite dans les idées.

Au milieu de ce bouleversement général, la justice
criminelle reste debout, insensible au changement qui se
produit autour d'elle. Si les corps judiciaires ont cessé de
remplir le rôle politique considérable dont ils avaient su
s'acquitter autrefois, ils continuent toujours d'appliquer la
procédure et la pénalité si cruelles des siècles passés. Quant
à l'esprit public, qui s'élève contre les abus de la royauté,
du clergé et de la noblesse, qui s'attaque même à l'en-
têtement et à l'immobilité des parlements en matière
politique, il laisse, par une inconséquence singulière,
ces mêmes parlements conserver, sans que sa sollicitude
s'éveille, les formes barbares d'une justice peu rassurante
pour l'innocence. Après avoir pendant tout le xviie siècle
considéré la justice comme un sanctuaire où la foule ne
pouvait porter ses regards, il assiste impassible, depuis le
commencement du xviiie, à toutes les rigueurs de la procédure et des peines. Ce n'est plus, il est vrai, comme
à l'époque précédente, le respect des choses établies qui

détourne les intelligences de ces sombres sujets ; c'est la frivolité, ou plutôt « la politesse sans véritable sensibilité. » La société n'est pas seulement légère, adonnée à la vie délicate ; elle se plaît, en outre, à la finesse caustique, à l'épigramme continuelle et à l'ironie, qui glacent peu à peu, dans le cœur de l'homme, les meilleurs sentiments, surtout l'amour de ses semblables ; elle s'est fait de l'esprit de malice et de moquerie, presque de méchanceté, un véritable tempérament ; et voilà pourquoi elle reste indifférente au milieu des supplices, sans faire entendre un cri de pitié : « Les honnêtes gens, dit Voltaire, en passant par la place de Grève, ordonnent à leur cocher d'aller vite et vont se distraire à l'Opéra du spectacle affreux qu'ils ont vu sur leur chemin. »

Le tableau est vrai de la société tout entière, et surtout de la noblesse et du clergé. Quant aux parlements, à supposer qu'ils pussent échapper à la légèreté mondaine et à l'esprit froidement moqueur du temps, ils avaient, pour garder le silence, un autre motif : ils croyaient leur existence liée à la rigueur des lois criminelles qu'ils étaient chargés d'appliquer ; et, comme tous les pouvoirs à leur déclin, qui font de la cause de leurs abus leur propre cause, ils défendaient ces lois avec autant d'énergie que leurs prérogatives les plus chères. Une protestation pouvait-elle, du moins, s'élever du barreau ? Sans doute, il renfermait dans son sein des âmes généreuses : mais on sait que, fidèles auxiliaires des parlements, lorsque ceux-ci, après avoir épuisé leur droit de remontrance, interrompaient le cours de la justice, les avocats n'auraient pas consenti à plaider devant une magistrature improvisée et fermaient même leurs cabinets; il leur eût été difficile, après avoir ainsi dans les circonstances les plus graves fait cause commune avec les parlements, de critiquer en matière pénale un corps dont ils étaient les fidèles soutiens politiques. Ajoutons que, à voir appliquer chaque jour des dispositions barbares, la sensibilité s'émousse, et que, les avocats se familiarisant peu à peu avec les peines par la continuité du spectacle, ces peines finissaient naturellement par leur paraître moins rigoureuses. Le barreau n'était donc pas capable de remuer profondément cette société frivole, froidement polie, indifférente aux souffrances humaines : il avait lui-même besoin d'être excité par une voix puissante à la défense des opprimés.

Ainsi, pendant la première moitié du siècle, silence complet sur ces graves questions : l'esprit public passe à côté d'elles sans se révolter, sans manifester un doute; la loi continue toujours de frapper l'accusé sur de simples indices, de proscrire toute procédure publique, d'ordonner la torture comme mode de preuve, de prodiguer la peine de mort, d'inventer les supplices les plus raffinés, de frapper même des faits comme le sacrilége, le suicide, l'hérésie, qui ne peuvent être des crimes qu'aux yeux de la religion. Voilà la justice au milieu du siècle dernier, cette justice cruelle, devenant plus cruelle encore lorsque les juges chargés de l'appliquer obéissent à un sentiment qui les aveugle, comme la passion politique ou le fanatisme religieux.

Ce que le clergé, la noblesse, les parlements, le barreau ne faisaient pas, les lettres devaient l'accomplir. Leur puissance avait grandi au XVIIe siècle et bientôt remplacé

celle des corps politiques affaiblis et presque annulés par
Louis XIV; mais, modeste encore par les objets auxquels
elle appliquait son génie, elle fut longtemps satisfaite
par la noble jouissance des arts et de la poésie, ou
bien, s'élevant aux questions qui touchent à l'existence
des peuples et des individus, elle était restée spécula-
tive : Fénelon, Vauban, l'abbé de Saint-Pierre, d'Argenson
et avec lui l'académie de l'Entre-sol font à peine pressentir
l'ère des réformes nouvelles ; les grands hommes qui vont
illustrer le xviiie siècle n'abordent eux-mêmes que d'un
esprit d'abord timide les sujets qu'ils traiteront plus tard
avec tant d'autorité. Mais, vers le milieu du règne de
Louis XV, les esprits s'éveillent peu à peu, l'opinion a
des besoins nouveaux; la puissance des lettres abandonne
alors son caractère artificiel, obéit aux préoccupations qui
naissent de toutes parts et cherche à en interpréter les
tendances; elle devient plus active, et, changeant de but,
aborde toutes les questions sociales, politiques, religieuses, dénonçant avec courage les abus, les fautes, les
erreurs. On eut alors ce qui a été appelé *la philosophie
du* xviiie *siècle*.

Cette philosophie a donné une impulsion nouvelle à
toutes les sphères de l'activité humaine : après avoir établi l'inviolabilité de la pensée et laissé tous les cultes au
choix de la conscience individuelle, elle a essayé d'épurer
le sentiment religieux en le séparant des superstitions gros-
sières qui l'avaient envahi et surtout en retirant à l'Église
le rôle oppressif qu'elle s'arrogeait; elle s'est proposé
toutes les conquêtes égalitaires et sociales réalisées par la
Révolution de 89 et restées intactes à travers les boulever-

sements de notre siècle ; elle a considéré la réforme politique comme le couronnement naturel de toutes les autres,
et, voyant dans la liberté le bien le plus élevé que l'homme
puisse ambitionner, elle en a fait, non un moyen de gouvernement, bon ou mauvais selon les temps, mais le principe de toute réforme politique. On peut la caractériser en
disant que, animée d'un véritable amour pour l'humanité,
elle a voulu la guérir de ses misères, la relever de son
abaissement, lui faire retrouver ses droits : pour atteindre
ce résultat, elle a essayé de découvrir aux institutions une
raison d'être, et soumis toutes choses aux lois souveraines
du bon sens. C'est cette philosophie du xviiie siècle, qui a
créé, dans ce qu'il a de juste, le droit public actuel de la
France et de l'Europe, et d'où nous vient tout ce que nous
avons de meilleur, qui protesta, au nom de la dignité
humaine, contre une législation devenue impitoyable sous
l'influence du despotisme religieux et politique, et singulièrement éloignée de l'esprit chrétien dont elle se pré-
tendait issue.

Parmi ceux qui élevèrent ainsi la voix, nous comptons
les plus célèbres de cette époque si fertile en grands
hommes, et, au premier rang, Voltaire, le plus grand de
tous.

Voltaire est un des représentants les plus illustres
qu'ait jamais eus la raison : personne, du moins, n'a
lutté avec autant de courage et de persévérance pour le
triomphe de cette cause. Faire triompher la raison, la raison pure de toute hypothèse, de tout paradoxe et de toute
utopie, la raison qui peut être parlée à tous et comprise
de tous, la seule langue universelle, en un mot, le sens

commun, voilà le but de Voltaire. Travailler sans cesse à
ce triomphe, voilà toute sa vie.

Il réussit et il devait réussir : jamais homme ne fut
mieux fait pour dominer et diriger son époque. A un esprit
qui réunissait des qualités opposées et presque contradictoires, le fond le plus sérieux et souvent une apparence
légère, la profondeur et l'agrément, la raillerie mordante
et l'émotion vraie, où la vivacité s'alliait toujours à la plus
admirable justesse, et quelquefois la passion à l'impartialité, il joignait cette forme charmante, d'un naturel par-
fait, la clarté et la variété perpétuelle, « organe rapide du
plus agréable bon sens, » qui permettait de faire tout
comprendre à tout le monde. Comme chef de parti, enfin,
il avait une habileté merveilleuse, sachant tour à tour, et
avec un à-propos admirable, retenir et exciter les siens,
audacieux quand ils hésitaient, se repliant sur lui-même
s'ils avaient compromis la cause par quelque imprudence.
Cet esprit qui plaisait à tous, ce langage séduisant, cette
audace prudente : voilà les armes dont il se servit dans le
long combat, où, sans se reposer jamais, il lutta pour la
raison.

La raison ! il en proclama l'empire souverain, repous-
sant partout ce qui ne lui semblait pas en harmonie avec
elle : en religion, il demande pour tous les hommes la
liberté de croire ce qu'ils veulent, c'est-à-dire la liberté
de conscience; en philosophie, il rejette les systèmes, et,
comme Socrate, en revient au sens commun; il simplifie la
morale et la ramène aux vertus utiles, estimant en toutes
choses la pratique plus que la théorie; en politique,
il veut une liberté tempérée, mais réelle, également éloi-

gnée du despotisme d'un homme et de celui de la foule;
en législation, des lois civiles plus uniformes et surtout des
lois criminelles moins atroces. Mais s'il attaqua ainsi la
procédure et les peines de son temps, ce n'est pas seulement parce que leur barbarie révoltait le plus grossier
bon sens et devait révolter plus encore son esprit droit,
véritable raison appliquée; c'est aussi parce que, doué
d'une chaleur inaltérable de sentiments et d'un profond
dévouement à l'humanité, il en désirait ardemment le
bonheur et souffrait de toutes ses souffrances.

Rappeler les condamnations iniques et absurdes qui
frappèrent son attention; dire quel sentiment l'animait
quand il éleva la voix, et quel but il voulait atteindre;
faire connaître ses protestations indignées contre le secret
de la procédure, contre la question, contre les supplices
recherchés et cruellement compliqués, contre les peines
infligées au nom de la société aux offenses commises envers la religion; retracer ses efforts pour détruire le fanatisme religieux qui souvent égare les magistrats et les
rend plus impitoyables encore que la justice qu'ils sont
chargés d'appliquer; montrer quelle ardeur il déploie au
commencement de la lutte; quelle activité dès quelle est
engagée, écrivant de tous les côtés, recherchant des
preuves, remuant des intrigues; quelle fermeté persévé-
rante quand le succès paraît compromis, relevant alors
tous les courages et ramenant au combat ceux qui le dé-
sertaient; quelle adresse pour intéresser à de malheureux
condamnés, dont elle sait à peine le nom, une société
égoïste et frivole, habituée encore à considérer d'un regard tranquille les peines cruelles et les erreurs judi-

ciaires; dire enfin le résultat qu'ont produit ses efforts
courageux, et pour ceux dont il avait pris la défense, et
surtout au point de vue du mouvement général des esprits
dans tout ce qui touche à la justice : tel est l'objet de ce
travail.

C'est à Ferney que Voltaire s'occupa des injustices
judiciaires. Pour exercer une influence décisive sur la
réforme de nos lois criminelles, il lui fallait, en effet, à
lui qui ne pouvait que s'adresser à l'opinion, une renommée littéraire immense qui s'imposât à l'admiration
de tous, et une existence sociale considérable dont la dignité pût attirer le respect universel : or, cette renommée
d'écrivain, cette existence pleine de noblesse et presque
de majesté, Voltaire ne les posséda jamais autant qu'à
Ferney. Sans doute, quand il débuta dans la vie, il avait
déjà la grâce, le brillant et même le sérieux; de plus, sa
jeunesse, favorisée par des circonstances heureuses, avait
été comme portée par la destinée. Mais ce n'était pas au
temps où il passait sa vie dans ce beau monde, tantôt au
château de Villars, tantôt chez le duc de Richelieu, ou
avec les Sully, les d'Ussé, les Lafeuillade, qu'il aurait pu,
âgé de vingt-cinq ans, se faire le champion victorieux de
la cause de l'humanité. Plus tard, à son retour d'Angleterre, commença sa liaison avec la marquise du Châtelet :
elle dura quinze années, et, malgré les mœurs faciles du
temps, elle ne pouvait qu'amoindrir l'influence morale
exercée par Voltaire sur ses contemporains; il habitait, en
outre, chez la marquise, à Cirey, et, bien qu'il contribuât
très-largement, grâce à son immense fortune, au luxe dont

ils s'entouraient, sa situation était un peu diminuée par une hospitalité de cette nature : l'existence sociale vraiment respectable et respectée, qui ne subsiste que par la dignité absolue du caractère et de la conduite, et sans laquelle il ne pouvait, malgré toute sa renommée, inspirer assez de confiance à son siècle pour s'en faire toujours écouter, lui manqua donc un peu dans cette période de sa vie. Il ne devait pas la trouver davantage en Prusse où il essaya de se fixer en 1750. Enfin, plus heureusement inspiré, après cette triste campagne, il alla s'établir entre le lac de Genève et le mont Jura, dans le pays de Gex, à Ferney : alors, commença pour lui une existence en quelque sorte nouvelle, très-différente de sa vie passée, qui déconcerte un peu ceux-là mêmes qui sont disposés à le critiquer toujours, et dans laquelle il exerça sur le monde intellectuel et moral une véritable royauté.

Tout travailla à la lui assurer : d'abord, l'esprit du temps avait marché et des idées pour lesquelles, un quart de siècle plus tôt, on aurait vainement combattu, trouvaient maintenant, pour porter leurs fruits, une terre bien préparée. Avec l'esprit du temps qui se développait, la célébrité de Voltaire, chaque jour mieux compris, dut naturellement grandir et elle grandit, en effet, jusqu'à la fin, chaque jour davantage, quoique son talent, arrivé depuis longtemps à l'apogée, ne pût s'élever plus haut dans cette dernière partie de sa vie. Puis, avec l'âge, et aussi par l'éloignement où il se tenait de Paris et des occasions que le monde parisien pouvait lui offrir encore de rentrer dans la vie agitée, le calme était venu : les excellentes qualités morales, que certains travers avaient fait

longtemps méconnaître, se montraient dans tout leur jour;
pendant vingt ans, et d'une manière désintéressée, on le
vit s'occuper de tout ce qui se passait autour de lui ou
loin de lui, y prenant part, faisant des affaires des autres
ses propres affaires : « Le plaisir de secourir les hommes,
disait-il, est la seule ressource d'un vieillard, et, plus la
santé s'affaiblit, plus il faut se presser de faire du bien. »
Ajoutons que les générations contemporaines de sa jeunesse
étaient remplacées par d'autres, qui, ne connaissant que
cette fin de carrière si paisible et si noble, avaient pour
lui une admiration sans mélange. Enfin, l'éloignement lui-
même, toujours favorable aux hommes célèbres dont il
dissimule, comme dans l'ombre, les faiblesses et les défauts, devait naturellement augmenter encore la révérence
qu'il inspirait par lui-même. Aussi sa vieillesse finit-elle
par exciter dans toute l'Europe un concert de louanges
qui, sans s'affaiblir un instant, dura jusqu'à sa mort. Son
influence devint prépondérante, non-seulement en matière
d'iniquités judiciaires, mais en toutes choses : des parties
les plus éloignées de la France et de l'Europe, on venait,
comme à un arbitre suprême, lui raconter les injustices
commises et implorer son appui. On peut dire que, dans
cette dernière partie de sa vie, il eut la plus grande
situation morale qu'un homme ait jamais possédée.

C'est cette situation exceptionnelle, rendant pour lui
tout possible, qui le porta naturellement alors à venger les
victimes de notre justice criminelle. Ce fut donc à Ferney,
dans ce château où il passa les vingt dernières années de
sa vie, s'occupant, avec une activité merveilleuse, des
objets les plus divers : donnant ses soins à son parc, à ses

maisons de campagne des Délices et de Lausanne, à ses
manufactures de montres; attentif au bien public dans la
petite contrée de Gex, améliorant le sort de ceux qui
vivaient auprès de lui, soutenant ses voisins les mainmor-
tables de Saint-Claude qui voulaient s'affranchir de la
glèbe monacale; donnant toujours une grande partie de
son temps à la littérature, composant des tragédies et des
comédies qu'il faisait jouer et jouait lui-même, des contes
en vers et en prose, commentant les œuvres de Pierre
Corneille dont il élevait auprès de lui et dotait la petite-
nièce; dirigeant, à cent cinquante lieues de Paris, l'Académie française où il ne laissait entrer que des fidèles;
applaudissant Choiseul de la chute des Jésuites, Maupeou
de son coup d'état judiciaire, Turgot de ses vues sagement
réformatrices; en correspondance habituelle avec Frédéric
le Grand et Catherine II; en un mot, ne restant étranger à
rien de ce qui se passait en Europe : c'est là, du fond de
cette retraite, qu'il soutint la cause des Calas, des Sirven,
du chevalier de La Barre, de Montbailly, de Lally-Tollendal.

Ce que nous chercherons surtout dans ces procès célèbres, c'est Voltaire, ses merveilleuses qualités d'esprit et
de caractère, ses efforts, son influence. Dans chaque
cause, toutefois, nous devrons d'abord toucher aux événements qui sont comme le prologue du drame et qui, pré-
cédant l'entrée en scène de Voltaire, nous donnent la
mesure du rôle qu'il a eu à remplir.

Celui de ces opprimés dont Voltaire s'occupa d'abord

fut Calas : dans cette cause, il eut à lutter contre le fanatisme religieux.

Jean Calas, marchand à Toulouse, était protestant.

On connaît la situation des Protestants à cette époque :
depuis la révocation de l'Édit de Nantes, il n'y avait plus,
légalement, de Protestants en France; mais, on avait dû
bientôt, malgré la fiction qui les supposait tous convertis,
reconnaître qu'il en existait encore dans le Royaume.
Alors fut organisée, pour eux, une situation vraiment horrible : on les frappait de l'interdiction des droits civils;
leurs femmes étaient traitées en concubines, leurs enfants
en bâtards; on punissait des galères le refus des sacre-
ments; ceux qui, à l'heure dernière, sollicités de se con-
vertir, persévéraient dans leur foi, étaient traînés sur la
claie. Mais, cet état de choses s'adoucit dans le cours du
xviiie siècle, et, tout en rendant leur existence encore très-
difficile, on finit par la tolérer : ajoutons cependant, pour
donner une idée exacte de cette tolérance, que chaque
année on en massacrait encore quelques-uns.

Le 13 octobre 1761, Calas avait dîné avec sa femme,
ses fils Marc-Antoine et Pierre, et un jeune homme, Lavaysse, fils d'un avocat de Toulouse. Vers sept heures, à
la fin du repas, Marc-Antoine se leva et sortit. Deux heures
plus tard, Lavaysse descendit avec Pierre. Avant de gagner
la rue, ils entrèrent dans la boutique : mais à peine y
avaient-ils pénétré, qu'ils virent Marc-Antoine pendu à une
porte intérieure; sur les battants ouverts était placé un
bâton; et à ce bâton la corde, qui suspendait Marc-Antoine, était fixée. Aux cris des deux jeunes gens, Calas
accourut, détacha le corps, et, tandis que sa femme des-

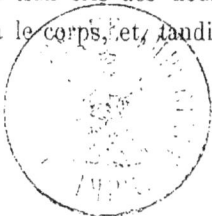

2

cendait aussi, envoya chercher un médecin : mais le corps
était déjà *presque froid*. Cependant, les voisins étaient
attirés par le bruit; bientôt arriva David de Beaudrigue,
un des Capitouls, chargés de l'administration, de la police
municipale, et de la justice haute et basse dans Toulouse
et son territoire. Une heure après l'événement, la foule,
qui se pressait à la porte, commençait à murmurer que les
Calas avaient assassiné leur fils parce qu'il voulait se con-
vertir au Catholicisme. Cette accusation passa de bouche
en bouche : bientôt, il fut certain pour tous que l'abjuration
devait avoir lieu le lendemain, et que la religion protestante ordonne aux parents de tuer leurs enfants apostats.

Ces calomnies fanatiques ne peuvent surprendre chez
un peuple que les questions religieuses ont toujours singulièrement agité. Sans remonter plus avant dans l'histoire, on connaît les trois croisades contre les Albigeois,
on sait que Toulouse a vu, au xiie et au xiiie siècles, des
confréries de Pénitents s'organiser contre l'hérésie, et l'In-
quisition naître dans son sein. Au xvie siècle, elle fournit
les premiers martyrs protestants de France; et, en 1562,
un temple qui pouvait contenir huit mille personnes se
trouva trop petit. Pour empêcher la Réforme de s'étendre
dans Toulouse, on songea alors à faire un massacre
général des Protestants : le 17 mai 1562, la population
catholique se jeta sur eux et en tua cinq mille; cette glo-
rieuse journée conserva le nom de *Jour de la Délivrance*.
Dès lors, le Catholicisme triompha dans Toulouse et y régna
avec un esprit de fanatisme qui n'a pas été dépassé; on
sait que le Parlement remercia Dieu de l'assassinat de
Henri III et ordonna une procession en l'honneur de saint

Jacques Clément, que la révocation de l'Édit de Nantes fut reçue avec enthousiasme, et que les anniversaires de la Délivrance ont été célébrés pendant plus de deux siècles : « Les têtes toulousaines, écrivait Voltaire à La Chalotais, tiennent de Dominique et de Torquemada. » C'est au milieu de ce peuple, qui à ce moment-là même allait célébrer le second anniversaire séculaire de la Délivrance, qu'eut lieu la mort de Marc-Antoine Calas.

Le capitoul David, violent, emporté, frénétique, est sur-le-champ convaincu que les Calas ont tué leur fils : voilà son point de départ. Dès lors toutes les précautions lui paraissent superflues : il n'examine même pas les lieux ; il oublie de constater que Marc-Antoine n'a aucune trace de violence sur sa personne. Sa seule préoccupation, c'est d'arrêter les Calas, Lavaysse et la servante Jeanne Viguier. Puis, avec eux, et précédé du cadavre, il quitte la maison, n'y laissant même pas de gardes. A l'hôtel de ville seulement il dresse son procès-verbal.

Cependant, on procède à un interrogatoire : dès l'abord, Calas, qui connaissait le caractère naturellement inquiet de son fils, devenu plus sombre encore depuis quelques années, avait cru à un suicide, et, comme les suicidés étaient traînés à travers les rues, puis suspendus au gibet, il avait redouté pour sa famille la honte de cette exécution : « Ne répandons pas le bruit que Marc-Antoine s'est défait lui-même, » dit-il à Pierre et à Lavaysse. Ils déclarèrent donc qu'ils l'avaient trouvé sans vie sur le plancher du magasin. Mensonge maladroit! on reconnaissait facilement qu'il avait été pendu ou étranglé. Du reste, dès qu'ils se virent sérieusement accusés, ils dirent tous qu'ils

l'avaient découvert pendu : ce qui prouve qu'ils déclaraient
alors la vérité, c'est qu'ils répondirent tous absolument de
même, quoiqu'ils fussent déjà enfermés séparément, sans
communication entre eux, dans l'impossibilité de s'entendre.

Cependant, trente témoins avaient été interrogés, et on
ne trouvait aucune preuve contre les Calas.

On eut alors recours à un monitoire : moyen étrange
d'obtenir des témoignages ! Le procureur du roi dressait
une liste des faits dont il voulait avoir la preuve ; puis un
avertissement était lu au prône pour informer ceux qui les
connaîtraient, par *oui-dire* ou *autrement*, qu'ils encour-
raient l'excommunication en ne les déclarant pas : de
simples curés, de minces vicaires, devenaient ainsi des
juges d'instruction.

Tout monitoire devait être conçu à la fois à charge et
à *décharge*, ne pas présenter comme certains les faits en
question, ne pas désigner les personnes incriminées : or,
le monitoire lancé contre les Calas menaçait ceux qui ne
déposeraient pas contre eux, mais se taisait sur les témoins
qui auraient eu à déposer en leur faveur, et de la sorte
ces derniers ne pouvaient se présenter ; il qualifiait *crime*
la mort de Marc-Antoine, c'est-à-dire tranchait la difficulté
à résoudre ; enfin il désignait les Calas comme assassins de
leur fils.

L'intervention ecclésiastique ne s'arrêta pas là : le procureur du roi et David décidèrent qu'il fallait ensevelir le
corps ; l'inhumation eut lieu un dimanche avec éclat.
Quelques jours après, les Pénitents Blancs firent célébrer
pour son âme un service magnifique : tous les ordres reli-

gieux y assistèrent. Sur un catafalque, au milieu de l'église, était un squelette tenant une palme et portant cette inscription : *Abjuration de l'hérésie;* à ses pieds, le nom du défunt. Marc-Antoine devenait ainsi un martyr, mort pour la religion catholique : on en fit bientôt un saint, et des miracles s'accomplirent sur sa tombe.

Cependant, l'instruction se poursuivait, mais de manière à rendre la condamnation certaine. Non-seulement les Calas étaient soumis à l'horrible procédure du temps, mais ils ne furent pas admis à faire la preuve des faits qui les justifiaient : une condamnation devenait, en effet, nécessaire pour les Capitouls, qui pouvaient être pris à partie si les accusés étaient absous. Aussi, le 18 novembre, Calas, sa femme et son fils furent-ils condamnés à subir la question ; Lavaysse et Jeanne Viguier devaient y être seulement présentés.

Cette sentence fut cassée et le Parlement retint la cause ; il allait l'examiner avec autant de passion que les Capitouls.

On opposait aux Calas les cris entendus, vers neuf heures, par les voisins : mais ces cris ne pouvaient être ceux de Marc-Antoine, puisque, à neuf heures et demie, son corps était *presque froid*. On alléguait, d'après la disposition des lieux, l'impossibilité physique du suicide : l'inanité de cette objection fut aisément démontrée. Le corps du défunt ne présentait, du reste, aucune trace de lutte, et Marc-Antoine était un jeune homme de vingt-huit ans qu'il eût été impossible de tuer sans une vive résistance. Il s'était, disait-on, converti au catholicisme : on ne put trouver un indice d'abjuration, de communion, ou même de confession. L'accusation le représentait comme maltraité par ses parents : tout ce qu’elle put trouver, c’est que Calas alliait à une grande douceur beaucoup de fermeté. Elle avait soutenu que le Protestantisme ordonne aux parents de tuer leurs enfants apostats : cette calomnie fut démentie par toutes les nations protestantes.

Dans cette longue procédure, cent cinquante témoins furent appelés. Aucun d’eux n’avait rien vu ou entendu qui eût rapport au crime ; le crime lui-même n’était pas prouvé et tout démontrait le suicide : c’est dans ces circonstances que Jean Calas fut condamné à mort.

Il subit d’abord la question : en lisant le procès-verbal de cet interrogatoire, on voit à chaque ligne éclater la vérité. Au milieu des douleurs, Calas nous apparaît toujours avec sa conscience droite et sans reproche. Fatigué par les souffrances de la prison, il n’avait pas faibli. Brisé par la question, il résista encore, et ce mensonge que ses juges lui demandaient, on ne put le lui arracher. L’échafaud ne devait pas le vaincre davantage : on raconte qu’en allant au supplice il passa devant sa maison, qu’il s’agenouilla alors dans la charrette, et bénit cette pauvre demeure où il avait vécu longtemps ignoré et heureux ; sur l’échafaud, il fut rompu vif et attaché à la roue ; il y resta deux heures, sans une parole de colère, sans un murmure, priant pour ses bourreaux. Il mourut avec la sérénité d’un martyr, dans la paix et l’espérance.

Lorsqu’on étudie le procès de Calas, quand on voit cette innocence lumineusement démontrée dès le premier jour de l’instruction, odieusement méconnue, cette partialité, ces illégalités ; quand on lit ce supplice d’un juste que des fanatiques ont fait mourir, on éprouve comme un soulagement à la pensée que David de Beaudrigue, le désespoir dans l'âme, exécré du genre humain, est devenu fou et s'est tué en prononçant le nom de Calas, et on se prend à désirer que ses autres juges aient eu, eux aussi, une vieillesse courbée sous le poids du remords, en expiation de cette grande injustice.

Calas mort, restaient Mme Calas, son fils, Lavaysse et Jeanne Viguier. S'il était coupable, ils l'étaient tous comme lui ; mais les juges n'osèrent pas être conséquents avec eux-mêmes : Pierre fut banni ; sa mère, Lavaysse et la domestique acquittés.

Ces victimes de la justice toulousaine devaient bientôt trouver un puissant avocat : Voltaire, saisi d'une émotion sincère, d'une indignation honnête et ardente, allait entreprendre de réhabiliter la mémoire de Calas et de restituer à la famille une partie de ce qu'elle avait perdu. On peut diviser en trois périodes l'histoire de ses généreux efforts. Dans la première, avec ce fond de prudence qui ne l'abandonnait jamais, il s'efforce de connaître exactement la vérité. Dans la seconde, il attaque le parlement de Toulouse : c'est la période la plus active, la mieux remplie ; il déploie tout son esprit, toute son adresse, toute son éloquence ; il enrôle dans la cause des Calas les plus grands personnages du temps, et plus encore, l'opinion publique ; enfin l'arrêt est cassé. Dans la troisième, il s'efforce de relever ces infortunés de la misère où on les avait plongés.

C'est à la fin de mars 1762 qu'un négociant de Marseille vit Voltaire, en se rendant à Genève, et lui raconta cet horrible procès. Dans les premiers moments, ignorant de quel côté était la vérité, Voltaire suspendit son jugement :

« Il s'agit de savoir, écrivait-il à Mme de Florian, si un père et une mère ont pendu leur fils par tendresse pour la secte de Calvin, ou si des juges ont fait expirer sur la roue un père innocent, par tendresse pour la religion romaine. » Mais un résultat, du moins, était évident : c'est que, d'un côté ou de l'autre, le fanatisme, protestant ou catholique, avait abouti à un acte de cruauté effroyable. Or, les crimes commis par fanatisme indignaient Voltaire. Il se révoltait tout entier contre des actes sanglants commis au nom de Dieu. Sans savoir encore qui avait raison dans le drame de Toulouse, il se promit donc de l'approfondir et de flétrir les assassins, soit protestants, soit catholiques.

Les premières lettres qu'il reçut étaient contradictoires : les uns prétendaient que le fanatisme avait fait pendre un fils par son père, les autres qu'il avait fait rouer un innocent par des magistrats. Les derniers mots d'une lettre qu'il écrivait alors au cardinal de Bernis, ce prélat aimable qu'une aventure comme celle des Calas ne pouvait laisser indifférent, car il possédait, sous une mollesse apparente et des dehors mondains, « un véritable fond de générosité humaine et chrétienne, » prouvent bien l'état de son esprit : « Il faut, dit-il, regarder le parlement de Toulouse ou les Protestants avec des yeux d'horreur;... toutes les lettres que je reçois se contredisent; c'est un chaos qu'il est impossible de débrouiller. »

Tout à coup, il apprit que Donat Calas, le plus jeune des fils de Calas, avait fui à Genève, en apprenant à Nîmes les malheurs de sa famille. Il le fit venir à Ferney. Il s'attendait à trouver un huguenot fanatique; il vit un enfant doux et affectueux. Donat resta à Ferney, et Voltaire, avec

son esprit pénétrant, put ainsi, à loisir, dans de longs entretiens, étudier la famille Calas dans cet enfant qui lui
en révélait l'intérieur. C'est ainsi qu'il apprit que les Calas
gardaient depuis vingt-cinq ans une servante catholique
et qu'un de leurs fils s'était déjà converti au catholicisme;
il apprit aussi qu'ils n'avaient jamais maltraité un de leurs
enfants et qu'il n'existait point de parents plus tendres.
Il commença dès lors à les croire innocents et essaya
d'intéresser à leur cause ses amis les plus considérables :
au premier rang, le duc de Richelieu, celui qu'il appelait
mon héros, le représentant le plus brillant d'une classe
tout entière de la société de cette époque, esprit léger et
superficiel, impertinent, sceptique, comme tous ceux de
son monde qui avaient traversé la régence, mais spirituel,
brave, et parfois généreux avec une certaine grandeur.

En même temps, il cherchait de nouveaux renseignements. Deux négociants de Genève connaissaient la famille
Calas; il les consulta : on lui répondit qu'elle ne pouvait
être fanatique et parricide. Il se mettait aussi en rapport
avec Mᵐᵉ Calas, qui n'hésitait pas à signer, au nom de
Dieu, l'innocence de tous les siens. Enfin, il employait
l'activité de l'avocat de Végobre, qui lui remit des notes sur
lesquelles il composa plus tard divers écrits en faveur des
Calas. A Montpellier, il agissait sur M. de Saint-Priest,
intendant du Languedoc. A Genève, le pasteur Moultou
était chargé de lui fournir toutes les pièces de jurisprudence nécessaires. Jamais enquête ne fut dirigée avec un
plus grand souci de tous les détails. On a reproché à Voltaire les détours, les ruses, dont il se servait pour obtenir
des preuves : reconnaissons que le courage ne suffisait pas,

que l'adresse encore était nécessaire, pour accomplir cette grande œuvre de justice qui a donné à sa renommée une base impérissable.

Après deux mois de recherches, il était convaincu de l'innocence des Calas. D'ailleurs, une partie de la France l'était avec lui : on commençait à comprendre que le seul assassinat, dans cet horrible drame, avait été commis sur l'échafaud, en plein jour, devant une foule immense et par ordre du parlement. Ce n'est donc pas d'avoir découvert l'erreur judiciaire de Toulouse qu'il faut louer Voltaire; c'est d'avoir, dans le silence universel, élevé la voix pour l'attaquer. Il est une différence profonde entre l'opinion publique qui comprend qu'une réparation est due, qu'une réforme est nécessaire, mais qui se tait, et l'opinion qui réclame énergiquement cette réparation, cette réforme : Voltaire aura toujours l'honneur insigne d'avoir dit hautement ce que les autres pensaient tout bas, et, au milieu de l'inaction générale, d'avoir agi courageusement.

L'entreprise était grave : il fallait, en soulevant l'opinion de la France et de l'Europe, amener un Parlement à révoquer « de gré ou de force » sa sentence; il fallait réhabiliter la mémoire de Calas et offrir une réparation à sa famille. Mais Voltaire ne doutait plus : il n'hésita pas.

Il fut admirablement secondé par Mme Calas : cette femme d'une énergie calme, d'une haute dignité de caractère, était de famille noble et alliée à plusieurs grandes maisons du Languedoc; dans l'existence douloureuse qu'elle eut à parcourir, elle montra tout le courage de ses ancêtres sans avoir leur vanité. Elle-même, cependant, trembla d'abord quand on lui proposa d'aller à Paris et de solliciter

auprès des grands. Après l'exécution de son mari, elle
s'était retirée à la campagne ; et là, privée de ses filles,
séparée de ses fils, elle vivait seule. Protester contre une
sentence du parlement, s'attaquer à ce pouvoir redoutable
qui avait brisé sa famille et détruit son bonheur, n'était-ce
pas une tentative inutile et même périlleuse? Mais son
hésitation ne dura pas. Elle comprit qu'il y avait là un
devoir à remplir, qu'elle devait tout sacrifier, tout affron-
ter, sans relâche, jusqu'à la mort, pour réhabiliter la mémoire de Jean Calas : elle partit pour Paris.

Elle y arriva dans les premiers jours de juin. Voltaire
l'avait adressée à d'Alembert, qui devait diriger ses premières démarches. L'illustre encyclopédiste fut ému de
cette horrible situation. « Mme Calas est venue me voir,
écrit-il à Voltaire... Il ne faut pas se plaindre d'être malheureux quand on voit une famille qui l'est à ce point-là.
Je parlerai et crierai même en leur faveur. »

En même temps, Voltaire avait donné à Mme Calas une
lettre qui lui servît de passe-port pour être admise chez
son ami le comte d'Argental, auquel il demandait de gagner
M. de Choiseul à la cause de ses protégés : « Que M. de
Choiseul daigne l'écouter, s'écriait-il,... parlez-en à M. de
Choiseul ; ne sera-t-il point curieux de savoir la vérité
touchant l'aventure des Calas?. Cette vérité importe au
genre humain. »

Ainsi, protecteur habile, il recommandait, à la fois,
Mme Calas à d'Alembert, un des arbitres de cette publicité
qui, déjà devenant une puissance, formait l'opinion, et à
M. de Choiseul, qui pouvait exercer une influence sur le
Conseil du roi auquel on allait en appeler de la sentence

toulousaine. Il l'adressait aussi à Mariette, avocat au Conseil, le priant de présenter une requête : il prenait à sa charge tous les frais.

Dès les premiers jours, on put compter sur M. de Choiseul. Il n'en était pas de même du secrétaire d'État, le comte de Saint-Florentin : cet homme astucieux et despote, qui, en 1765, regrettait le temps des Dragonnades, avait dirigé ou approuvé la condamnation de Calas. Voltaire lui écrivit au commencement de juillet; puis lui fit écrire par le duc de Villars, par le célèbre médecin Tronchin, et par la duchesse d'Enville, « une dame, disait-il, dont la générosité égale la haute naissance. » Mais tous les efforts devaient être vains : M. de Saint-Florentin n'accorda aucune audience à Mme Calas et resta le protecteur de ceux qui avaient condamné son mari.

Cette résistance ne décourageait pas Voltaire : il faisait attaquer le chancelier de Lamoignon, à la fois par le premier président de Nicolaï et par M. d'Auriac, président au grand Conseil, et le rendait favorable aux Calas; il gagnait aussi à leur cause le duc d'Harcourt et le marquis d'Argence de Dirac; en même temps, il subvenait à l'existence matérielle de Mme Calas; enfin il priait M. d'Argental de voir et d'encourager Lavaysse, alors à Paris, et critiquait l'inaction de Lavaysse père qui n'osait seconder ses efforts. A travers tous les obstacles, son activité, sa fécondité de ressources étaient vraiment merveilleuses.

Cependant quatre mois et demi s'étaient écoulés. Déjà, par ses hautes relations, Voltaire avait acquis aux Calas, à Paris même, bien des protecteurs puissants; mais il rencontrait encore de nombreuses resistances : le comte de

Saint-Florentin n'était pas là seul qui défendît l'arrêt de
Toulouse ; tous ceux qui sont, avant tout, partisans de ce
qui gouverne, tous ceux qui s'inclinent devant le fait
accompli, même injuste et violent, tous ceux qui pensent
qu'un homme condamné, une cause vaincue, ont mérité
leur condamnation ou leur défaite, repoussaient Mme Calas
et n'admettaient pas que sa cause pût être juste.

Au mois d'août, Voltaire commença la publication des
Pièces originales, comprenant une *lettre de Mme Calas*,
une *lettre de Donat à sa mère*, un *mémoire de Donat* et
une *déclaration de Pierre :* ces trois dernières pièces
écrites très-certainement par lui-même. Puis, voulant
frapper sans relâche l'opinion, il racontait une fois encore,
et avec un esprit toujours nouveau, sous le titre d'*Histoire
de Jean Calas*, les événements de Toulouse. Il envoyait
Mme Calas remettre ces *pièces originales* au chancelier de
Lamoignon, et, au même moment, écrivait à M. d'Argental : « Qu'on fasse tinter les oreilles du chancelier ;
qu'on ne lui laisse ni repos ni trêve ; qu'on lui crie sans
cesse : Calas ! »

Le point le plus important était la rédaction des mémoires des avocats. Voltaire avait adressé Mme Calas à
Mariette. Il l'adressa aussi à Élie de Beaumont : cet
avocat, un des plus célèbres du temps, à la fois juriscon-
sulte et littérateur, devait conquérir dans l'affaire des
Calas une grande renommée, et la reconnaissance de tous
ceux que le fanatisme n'aveuglait pas. Il présenta un mémoire. Mariette en fit un aussi, de son côté. Enfin, Loyseau
de Mauléon, qui nous apparaît surtout comme un bel esprit, de cette école demi-judiciaire, à la forme sentimen-

tale qui remplaçait alors la véritable éloquence du barreau,
composa également un mémoire en faveur des Calas. Voltaire loua beaucoup Élie de Beaumont ; mais il eut soin de
corriger les erreurs que contenait son mémoire. Il écrivait
même à Damilaville, ce qui montre toute sa vigilance :
« Il est heureux que M. Mariette n'ait pas encore présenté
sa requête ; les erreurs où M. de Beaumont peut être tombé
seront ainsi rectifiées. » Plus tard, il loua aussi le mémoire
de Loyseau. Mais il né se bornait pas à exciter ceux qui
travaillaient à la cause de Calas ; il apaisait aussi les diffé-
rends qui pouvaient éclater entre eux ; il écrit à Damilaville : « Est-il vrai qu'Élie soit très-courroucé de voir
Loyseau dans sa moisson ?... Dans une affaire telle que
celle des Calas, il est bon que plusieurs voix s'élèvent : il
s'agit de venger l'humanité et non de disputer un peu de
renommée. »

Cependant la requête de Mariette au Conseil était pré-
sentée. Voltaire écrivait sans cesse au rapporteur M. Thiroux de Crosne ; il écrivait aussi à son beau-père M. de La
Michodière. Enfin il s'occupait d'agir sur les juges qui
auraient à examiner la requête : « Ne faudrait-il pas, disait-il à M. d'Argental, les faire solliciter fort et longtemps,
soir et matin, par leurs amis, leurs parents, leurs confes-
seurs ? » M. Thiroux de Crosne fut bientôt favorable aux
Calas. L'opinion publique se déclarait, du reste, franche-
ment en leur faveur. C'est ainsi que, par les efforts courageux et persistants de Voltaire, cette famille infortunée
voyait enfin approcher le jour où triompherait son innocence.

Le 1er mars, le bureau des Cassations au Conseil juge

la requête admissible. Le 7, le Conseil ordonne au parlement de Toulouse de lui envoyer la procédure entière et les motifs de l'arrêt. Voltaire, à cette nouvelle, est comblé de joie ; il est tout entier à l'espérance, non-seulement pour les Calas, mais pour le genre humain lui-même : « Il se fera un jour une grande révolution dans les esprits ; un homme de mon âge ne la verra pas, mais il mourra dans l'espérance que les hommes seront plus éclairés et plus doux. » Néanmoins, il sentait très-bien, avec cet admirable bon sens qui n'était jamais troublé, même par l'émotion la plus vive, qu'il n'avait pas atteint le terme de ses agitations ; il prévoyait que la colère serait grande à Toulouse, et que l'envoi des pièces serait entravé. Il ne se trompait pas : les Toulousains prétendaient qu'une Cour souveraine ne pouvait voir ses arrêts cassés par le roi. Il est certain, en effet, que le pouvoir judiciaire doit demeurer indépendant du chef de l'État, et que celui-ci, dans un régime libre, est obligé d'en subir les décisions, comme le plus humble sujet : mais, sous le despotisme, cette indépendance n'a jamais existé. Le parlement de Toulouse fut contraint d'obéir.

La solution de l'affaire Calas devait encore traîner en longueur : c'est seulement le 4 juin 1764 qu'on prononça la cassation. Le Conseil renvoya alors l'affaire aux *Maîtres des Requêtes de l'hôtel au souverain*, tribunal établi pour rendre compte au roi des requêtes dont il se réservait la connaissance. Toute la procédure fut recommencée : un grand nombre de faits démontrant l'innocence des Calas se produisirent alors pour la première fois. On a dit que si les juges de Toulouse les avaient connus, ils auraient

jugé autrement. Mais ce n'est pas les disculper. S'ils
n'avaient pas eu ces témoignages, c'est qu'ils les avaient
repoussés. Suppliés mille fois de les entendre, ils s'y
étaient toujours refusés. Ils doivent donc supporter d'une
manière complète la responsabilité de la mort de Jean
Calas.

Élie de Beaumont et Mariette firent de nouveaux mémoires. Voltaire adressa à Élie de Beaumont des éloges
mérités : « Il me paraît impossible que votre mémoire ne
porte pas la conviction dans l'esprit dès juges... Il ne reste
plus aux Toulousains qu'à faire amende honorable, en
abolissant leur fête infâme, en jetant au feu les habits des
Pénitents, et en établissant un fonds pour la famille Calas. »

L'arrêt qui déchargeait les Calas, Lavaysse et Jeanne
Viguier de l'accusation intentée contre eux fut rendu à
l'unanimité, le 9 mars 1765, trois ans, jour pour jour,
après l'exécution de Jean Calas : « Le dernier acte de la
pièce a fini heureusement, écrivait Voltaire à M. de Cide-
ville ; c'est, à mon gré, le plus beau cinquième acte qui
soit au théâtre. » Le parlement de Toulouse défendit
qu'on affichât dans son ressort l'arrêt des Maîtres des Requêtes : c'est ainsi qu'il osa se refuser à la seule réparation
qu'il fût en son pouvoir de donner, et à l'unique moyen
qui lui restât de réhabiliter son honneur.

Justice était rendue aux Calas : mais ces procès succes-
sifs les avaient ruinés. Voltaire s'alarma de ne pas voir un
don royal accompagner l'arrêt des Maîtres des Requêtes ;
il s'en plaignait vivement : « Ce n'est pas assez d'être
justifié, il faut être dédommagé. » Sollicités par lui, les
Maîtres des Requêtes s'adressèrent au vice-chancelier, le

priant d'implorer la bonté du roi : Louis XV accorda une gratification de trente-six mille livres. Puis on chercha un moyen qui fournît un prétexte à des souscriptions : Carmontelle fit un dessin représentant la famille Calas à la Conciergerie. Il fut gravé et mis en vente. Voltaire applaudissait de toutes ses forces à cette idée généreuse : et, lorsqu'il reçut l'estampe, il la suspendit au chevet de son lit.

Mme Calas resta à Paris avec ses filles ; ses fils Pierre et Donat vécurent à Genève. En 1770, elle vit, pour la première fois, Voltaire à Ferney : on devine quelle émotion l'agita devant l'homme à qui elle devait tout. Elle le vit encore, en 1778, quand il vint mourir à Paris. En 1791, lorsque le corps de Voltaire fut porté au Panthéon, Mme Calas et ses enfants étaient dans le cortége, au premier rang, avec la famille de leur bienfaiteur, lui rendant ainsi, après sa mort, un dernier hommage de reconnaissance.

Telle a été cette affaire des Calas. Lorsqu'on étudie avec impartialité la conduite des magistrats toulousains, depuis la mort de Marc-Antoine jusqu'à l'arrêt des Maîtres des Requêtes, la condamnation qu'ils ont prononcée n'apparaît pas seulement comme une erreur judiciaire : sans doute, ils ont cru d'abord, dans leur emportement, les Calas coupables d'un grand crime ; mais ils nous apparaissent bientôt comme des hommes dont la conscience hésite, dont la conviction est ébranlée, et qui, n'osant pas dire que, par légèreté, ils se sont trompés, marchent toujours, malgré le doute qui envahit leur âme, sans s'arrêter, jusqu'à la condamnation ; qui, alors, déjà convaincus de l'innocence de leur victime, luttent pendant deux années pour que cette innocence ne soit pas proclamée. En un mot, ils ont été certainement des fanatiques insensés; mais il est permis de supposer qu'une accusation plus grave peut être portée contre eux. Un maître des requêtes, M. Fargès, le disait hautement. Voltaire l'avait aussi très-bien compris : mais, engagé dans la lutte et pensant qu'une modération extrême était nécessaire pour agir sur l'opinion, il se borna à ne voir dans l'affaire des Calas que ce qu'il était impossible de ne pas y voir, un effet terrible du fanatisme. Il agit peut-être plus utilement pour ses protégés, en ne dénonçant pas la mauvaise foi des juges; en ne présentant les Calas que comme des victimes de l'intolérance religieuse; en faisant ainsi, de leur cause, la cause même de la Tolérance; en écrivant chaque jour, de tous les côtés : « Huit catholiques toulousains ont, de bonne foi, condamné à la roue un père de famille parce qu'il était huguenot; » en composant enfin, à l'occasion de Jean Calas, que l'esprit de fanatisme avait fait mourir, son admirable *Traité sur la Tolérance*.

Dans ce Traité, qui est écrit avec une noble et lumineuse simplicité, et où il sait être, sur presque tous les points, impartial, désintéressé, dégagé des engouements et des rancunes, Voltaire a présenté sur la tolérance des réflexions que nous résumerons plus loin, et qui, après cent ans écoulés, sont aussi justes qu'au jour où il les a publiées.

On lui écrivit du Languedoc que son ouvrage allait irriter le parlement toulousain, que les fanatiques poussaient des cris de fureur et demandaient qu'on le brûlât. Il répondit : « Les juges de Toulouse peuvent faire brûler mon livre; il n'y a rien de plus aisé : on a bien brûlé les

Provinciales qui probablement valaient beaucoup mieux ;
chacun peut brûler chez lui les livres et les papiers qui lui
déplaisent. »

Les Calas ne devaient pas être les seules victimes de
l'esprit de persécution dont Voltaire eût à prendre la
défense : au moment même où on les accusait d'un parricide, une autre famille protestante, du même pays,
victime du même préjugé, accusée du même crime, était,
au nom de la religion, juridiquement immolée. Là, comme
pour les Calas, Voltaire lutta contre le fanatisme.

Sirven habitait Castres avec sa femme et ses trois filles.
Une d'elles, Élisabeth, qui voulait, disait-on, embrasser le
Catholicisme, disparut le 6 mars 1760 ; elle avait été
enlevée par les ordres de l'évêque et conduite au couvent
des Dames Noires. D'un esprit naturellement troublé, elle
y devint bientôt tout à fait aliénée et fut renvoyée le
9 octobre. Ses parents la reprirent. Dans le cours de
l'année suivante, ils allèrent s'établir à Saint-Alby, près
de Mazamet.

Le 15 novembre, Sirven part pour Castres : en chemin,
il s'arrête à Aiguefonde, où il passe la nuit ; le lendemain,
comme il allait se remettre en route, il apprend, par un
exprès arrivé de Saint-Alby, qu'Élisabeth a disparu. Il
revient et trouve sa famille dans le désespoir : à une heure
du matin Élisabeth est sortie ; une de ses sœurs s'est mise
à sa recherche, sans la retrouver ; alors, elle a éveillé les
voisins ; les perquisitions ont duré toute la nuit, mais
infructueuses. Sirven, pendant des jours entiers, parcourt
tout le pays. Vains efforts ! Enfin, le 3 janvier, des enfants,

qui jetaient de la paille enflammée dans le puits du village, aperçoivent au fond un cadavre. Il est retiré : c'est celui d'Élisabeth.

La voix du fanatisme se fait bientôt entendre : le bruit se répand que le protestantisme ordonne aux parents de tuer leurs enfants, s'ils se convertissent à la foi romaine. Cependant, en face de la juste considération dont jouissent les Sirven, de la démence d'Élisabeth, et de la tendresse que ses parents avaient pour elle, il semble que l'on fût contraint de s'arrêter ; mais les esprits sont trop excités. Puisque Toulouse se dispose à rouer Calas le parricide, il faut aussi que Mazamet ait un grand crime à punir : Sirven est là, et précisément, comme Calas, il est protestant ; c'est lui qu'on frappera. Mais les preuves sont absentes ? Croyons-en l'esprit de fanatisme : il saura les trouver.

Dès le 19 janvier, un décret de prise de corps était rendu contre Sirven et sa famille.

Sirven, alors à Mazamet, voit tout à coup arriver sa femme et ses deux filles : la maréchaussée s'avance pour les saisir ; il faut fuir. Il s'y refuse d'abord, fort de son innocence, et veut se livrer aux mains de la justice. Mais ses amis, justement effrayés, l'en détournent : la malveillance est trop grande, le danger trop imminent. Ils partent donc et se dirigent vers la Suisse. Qui racontera cette marche lamentable ? Ces infortunés fuyant, en hiver, à travers les montagnes couvertes de neiges ; protégés à peine par quelques vêtements contre le froid rigoureux ; souffrant de la faim ; tombant de faiblesse ; contraints de s'écarter des villes, de se séparer, souvent de ne marcher que la nuit ; passant des jours entiers sans rencontrer un asile ; à toute heure et au moindre bruit, tremblant d'être découverts et dénoncés ; privés même de la consolation de supporter en commun leur malheur : est-il un plus douloureux spectacle ? Que ceux-là l'aient toujours présent à l'esprit, qui seraient tentés d'excuser les fureurs du fanatisme !

Cependant, dès le lendemain du départ des Sirven, un monitoire était lancé contre eux, indiquant aux témoins la marche à suivre, les dénonciations à faire, désignant les prétendus coupables ; puis, le 3 février, dans un second monitoire, plus précis, le crime est affirmé et détaillé. Mais aucune preuve n'apparaissait : on n'avait encore, comme dépositions à charge, que celles de six Dames Noires. Tout prouvait, au contraire, l'innocence des Sirven : d'abord la démence d'Élisabeth était notoire ; puis on savait que sa famille avait pour elle une affection particulière ; on savait aussi que Sirven, dans la nuit du 15 au 16 novembre, était absent et ne pouvait avoir tué sa fille à Saint-Alby : était-il, du moins, capable de s'être éloigné, tandis qu'il aurait armé contre elle des mains étrangères ? Mais, quand on connaissait sa vie passée, vertueuse et pure, comment admettre une pareille atrocité ! D'ailleurs, le jour de la disparition d'Élisabeth, aucun étranger n'avait paru à Saint-Alby ou dans les environs. Il aurait donc fallu que trois femmes, — une mère et deux sœurs ! — eussent commis ce crime épouvantable, et dans le silence le plus complet, puisque personne n'avait rien entendu. Puis, quelle apparence qu'on eût choisi, pour cet assassinat, le centre du village ! N'était-il pas plus simple d'amener

Élisabeth sans défiance sur les bords du torrent qui coulait au bas de la montagne et de l'y précipiter? Tout démontrait donc le suicide et repoussait l'assassinat. Quant aux experts chargés d'examiner le cadavre, ils ne se prononçaient ni dans un sens, ni dans l'autre : le tribunal de Mazamet leur renvoya leur rapport, en les invitant à le rendre *concluant*. Ils se soumirent avec docilité et ajoutèrent qu'Élisabeth avait été *étouffée et jetée morte dans le puits*. On ne leur en demandait pas davantage. Ce rapport est d'ailleurs un monument curieux à examiner : rarement plus d'erreurs ont été amoncelées ; tous les médecins l'ont qualifié : « Une œuvre déplorable de légèreté et d'ignorance. » Bien plus : un des deux experts a avoué lui-même, plus tard, qu'il avait sciemment avancé le faux pour le vrai.

Le 29 mars 1764, les Sirven furent déclarés coupables de parricide : le père et la mère condamnés à la potence, les deux filles au bannissement, tous les biens confisqués. Le parlement de Toulouse confirma cette sentence le 5 mai, et autorisa l'exécution *par effigie* des condamnés. Elle eut lieu à Mazamet le 11 septembre. Un tableau, qui représentait les Sirven souffrant le supplice porté par la sentence, était suspendu à une croix dressée au milieu de la place publique : autour de ce tableau étaient écrits les noms des condamnés et l'arrêt qui les frappait.

Cependant les fugitifs avaient gagné la Suisse. Ils furent présentés à Voltaire par un pasteur genevois. Voltaire s'occupait alors de la cause des Calas : il résolut pourtant, dès que l'innocence des Sirven fut évidente à ses yeux, de les soutenir ardemment ; perdre une seule occasion de rendre le fanatisme exécrable lui paraissait un crime.

Il avait supporté de grandes fatigues dans l'affaire des Calas; de plus grandes encore l'attendaient dans celle des Sirven : le public se lasse, en effet, d'être généreux, et, les Calas s'étant emparés de toute sa pitié, les Sirven allaient le trouver indifférent. Ils n'auraient pu, venant ainsi les derniers, faire quelque bruit dans le monde qu'à la condition d'avoir deux ou trois roués dans leur famille, et, ici, personne n'avait été roué. D'ailleurs, ayant fui dès le premier jour, ils étaient peu instruits des procédures faites à Mazamet et à Toulouse. Aucun d'eux enfin n'avait la vigueur d'intelligence et la fermeté de caractère admirées chez Mme Calas. Devant ces difficultés, Voltaire n'hésita pas : l'amour de l'humanité, l'horreur du fanatisme devaient le soutenir jusqu'à la fin.

Cependant, et c'est ici que toute son habileté nous apparaît, cet homme qui, pendant neuf années, avec une ardeur toujours croissante, luttera pour les Sirven, modère prudemment cette ardeur, tant qu'il pourra, en divisant l'attention du public, compromettre le succès des Calas. Ceux-ci triomphent enfin (9 mars 1765) : il est alors tout entier à ses nouveaux protégés.

Deux voies s'offraient aux Sirven : ou rentrer dans leur patrie et se faire de nouveau juger par leurs juges, ou demander une évocation au Conseil du roi. Si les magistrats à la discrétion desquels il fallait se remettre n'avaient pas été des juges de Toulouse, Voltaire lui-même aurait détourné les Sirven d'une évocation : mais il était à craindre que le parlement toulousain, pour se venger de l'affront que les Calas lui avaient fait subir, ne se hâtât de pendre, de rouer et de brûler les Sirven. Il fallait donc, quoiqu'on ne pût guère espérer que le Conseil arrachât deux fois au même parlement une cause qui était de sa juridiction, les Sirven après les Calas, s'arrêter à ce dernier parti.

Déjà Voltaire a écrit à Élie de Beaumont et l'a chargé de composer un mémoire pour les Sirven. Bientôt il lui envoie tous les renseignements qu'il a pu obtenir à Castres et à Mazamet, puis une sorte de *relation* écrite par Sirven sur les événements de Saint-Alby. Il excite d'ailleurs sans cesse M. de Beaumont : il lui adresse les éloges les plus flatteurs; il le fait presser à Paris par d'Argental et Damilaville, à qui il a communiqué toute son énergie et que nous retrouvons, dans cette affaire plus encore que dans la précédente, les fidèles auxiliaires de Voltaire; il lui présente l'affaire Sirven comme la source de la plus éclatante renommée.

Cependant Élie de Beaumont se met à l'œuvre. Bientôt le mémoire est dessiné dans ses traits principaux. Il envoie cette esquisse à Voltaire qui exprime son admiration : « Ce mémoire était plus difficile à faire que celui des Calas ; le sujet était moins tragique, les détails moins intéressants... Vos mémoires sur les Calas sont de beaux monuments d'éloquence; celui-ci est un effort du génie. » Attentif à tous les détails, il lui recommande de le faire signer, dès qu'il sera achevé, par un grand nombre d'avocats. Comme dans l'affaire Calas, il prend tous les honoraires à sa charge : « Je n'épargnerai ni dépenses, ni soins, pour vous seconder dans les combats que vous livrez en faveur de l'innocence. »

En même temps, aux sollicitations de Voltaire, des dons arrivent de toutes parts. Les Protestants de France, la République de Berne, le Margrave de Baden, la Princesse de Nassau, presque tous les Princes allemands, envoient des secours aux malheureux exilés. Frédéric le Grand leur adresse cinq cents livres et leur fait offrir un asile dans ses États. « Je vous avoue, écrit Catherine II à Voltaire, en envoyant, elle aussi, son présent, que j'aimerais mieux qu'on ignorât ma lettre de change ; si cependant vous pensez que mon nom fasse quelque bien à ces victimes de l'esprit de persécution, je me remets à votre prévoyance. » Christian VII de Danemark envoie, de son côté, une offrande. Voltaire s'adresse enfin au roi de Pologne, Stanislas Poniatowsky, ou plutôt à Mᵐᵉ Geoffrin, une des femmes célèbres de l'époque, dont il fréquentait beaucoup le salon au temps de sa jeunesse, et qui, cette même année 1766, était allée visiter le roi de Pologne qu'elle avait connu tout jeune homme à Paris. Voltaire lui écrivit « comme à une puissance. » Elle transmit sa demande au roi. Stanislas, touché du sort des Sirven, remit deux cents ducats à Mᵐᵉ Geoffrin, qui les envoya à Ferney : « J'ai cru voir, lui dit-il, dans la lettre que Voltaire vous écrit, la Raison qui s'adresse à l'Amitié en faveur de la Justice. »

Cependant, le mémoire que M. de Beaumont avait esquissé ne s'achevait pas. Quelle raison détournait donc des Sirven l'illustre avocat? Le soin de ses propres intérêts : il avait un procès et il était tout entier à cette affaire personnelle. Voltaire, qui attendait le mémoire, ne soupçonna pas d'abord la vérité : il crut que M. de Beaumont se lassait et lui prodigua de nouveau encouragements,

éloges, prières. Ainsi sollicité, M. de Beaumont se décida,
non sans quelque témérité, à écrire à Voltaire que le mémoire était achevé ; il osa même ajouter que plusieurs
avocats l'avaient signé et qu'on l'imprimait. Voltaire est
au comble de la joie. Il voit déjà le mémoire présenté au
Conseil, la nouvelle attribution de juges obtenue, les Sirven réhabilités. Sur-le-champ, il lance dans le public un
petit écrit qu'il a composé sur les Calas et les Sirven et
qui contient certains traits assez vifs contre la superstition
et l'intolérance, l'*Avis au public :* ce sera le complément
naturel du mémoire.

Tout à coup, il apprend que la première ligne de ce
mémoire n'est pas encore écrite, et que M. de Beaumont,
en le disant achevé, « a pris le futur pour le passé. » On
devine sa colère : il a, depuis un an, annoncé à l'Europe
le mémoire pour les Sirven ; en ne voyant rien paraître, on
doutera de la réalité des faits qu'il a allégués. Voilà donc
compromise cette cause qu'il croyait gagnée. Mais telle
est sa puissance sur lui-même, qu'il saura dissimuler les
sentiments qui l'agitent. Charger de la rédaction du mémoire un autre avocat, qui, ne connaissant rien de l'affaire,
aura d'abord à l'étudier, c'est, en effet, se condamner à de
nouveaux retards plus longs que tous les retards passés ;
malgré la négligence de M. de Beaumont, rien encore ne
peut donc être plus défavorable aux Sirven qu'une rupture
avec lui : Voltaire le comprend, et ne laisse rien paraître
de sa colère : il recommence, au contraire, après quelques
reproches plus flatteurs que sévères, à lui répéter qu'il est
le vengeur de l'innocence opprimée, à lui recommander
sans cesse l'affaire Sirven comme celle qui doit mettre le

comble à sa célébrité. Il atteignit son but : il réchauffa le
zèle de M. de Beaumont. Ce travail, si longtemps attendu,
fut enfin terminé.

M. de Beaumont l'envoya à Voltaire. Cruel désappoin-
tement : le mémoire, rédigé à la hâte, ne réalisait pas les
espérances que son esquisse permettait de concevoir. Quel
qu'il fût, il fallait s'en contenter : on n'avait pas le temps
d'en composer un nouveau. Restait à le faire signer par les
avocats. Mais ici se présentait un obstacle : l'*Avis au public*, ce petit écrit qui avait dû, dans la pensée de Voltaire,
paraître en même temps que le mémoire, et qu'il a publié
trop tôt, croyant sur une fausse indication de M. de Beaumont que le mémoire *déjà signé* était à l'impression, a
singulièrement choqué les avocats de Paris. En apprenant
plus tard que le mémoire n'était pas encore signé, Voltaire,
qui avait voulu sans doute lancer un écrit hardi, mais qui
tenait, car son audace est toujours doublée de diplomatie,
à ne le publier qu'au moment opportun, a fait tous ses
efforts pour empêcher l'*Avis au public* de se répandre et
pour en atténuer les hardiesses irritantes. Efforts infruc-
tueux ! Beaucoup d'avocats eurent ainsi un prétexte pour
ne pas signer, lorsqu'il fut achevé, le mémoire d'Élie de
Beaumont.

Il fallait aussi s'occuper d'un rapporteur au Conseil.
Voltaire s'adressa à la duchesse d'Enville pour qu'elle priât
le vice-chancelier de choisir M. Chardon, qui était favorable aux Sirven. Il écrivit aussi, dans le même but, à
M. de Choiseul. M. Chardon fut, en effet, nommé rapporteur (novembre 1766). Voltaire lui écrivait sans cesse,
comme autrefois, pour les Calas, à M. Thiroux de Crosne :

« Si je vous importune, lui disait-il, prenez-vous en à la
réputation que vous avez d'être le juge le plus intègre et le
rapporteur le plus éloquent. » Plus tard, quand il a reçu
le mémoire d'Élie de Beaumont, qu'il trouve médiocre :
« Je me console puisque c'est vous qui rapportez l'affaire.
L'éloquence du rapporteur fait plus d'effet que celle de
l'avocat. »

Cependant l'affaire marchait : Élie de Beaumont s'était
adjoint M. Cassen ; Voltaire, qui se rappelait les bons offices
de Mariette dans l'affaire Calas, aurait voulu qu'il eût aussi
sa part dans celle des Sirven, mais Élie de Beaumont
tenait à M. Cassen : « J'étais fort content de Mariette,
écrit Voltaire à Damilaville;... mais il faut laisser faire
M. de Beaumont et ne pas le décourager. » Toute l'adresse
de Voltaire est là : ne jamais indisposer, même par une
résistance légère, ceux dont le concours est nécessaire à sa
cause. Plus tard, d'ailleurs, toujours prêt à reconnaître
ses erreurs, il changea d'avis quand il connut mieux l'auxi-
liaire de M. de Beaumont : « M. Cassen, dit-il, pense sagement et écrit avec noblesse. » A côté de ces deux avocats,
Target fit un mémoire en faveur des filles de Sirven.

M. Chardon pressait son rapport et l'eut bientôt
achevé : la cause des Sirven allait être examinée par le
Conseil du roi.

L'activité et la présence d'esprit de Voltaire croissent
encore dans ces derniers moments : d'un côté, il écrit à
M. de Beaumont : « Ne m'envoyez pas votre factum; ce
serait perdre un temps précieux; » de l'autre, il excite
encore l'ardeur de M. Chardon; enfin, il fait agir de
hautes influences sur les membres du Conseil, qui parais-

sent bientôt favorables à ses protégés. Cette fois, enfin,
une déception est impossible; il est sûr du succès; quelques jours encore et il va jouir de son triomphe : « Il n'est
plus douteux, écrit-il, que cette famille ne soit rétablie
dans son honneur et dans ses biens, et que l'arrêt qui la
condamne ne soit cassé comme celui des Calas. » Une se-
maine plus tard, le Conseil repoussait la demande des
Sirven (janvier 1768).

Ainsi, Voltaire combat depuis quatre ans, toujours avec
la même adresse, le même esprit, le même feu. Souvent
déjà la victoire a fui au moment même où il croyait la
saisir; il ne s'est cependant jamais découragé et l'âge n'a
pas éteint sa flamme ou diminué son ardeur. Enfin, le
Conseil du roi vient d'anéantir, en un instant, le résultat
des efforts de quatre années; tout est à recommencer :
Voltaire recommencera.

Un mois ne s'est pas écoulé qu'il songe à faire présenter Sirven devant les juges qui l'ont condamné. Mais,
l'envoyer dans un pays agité par les passions religieuses,
où l'amour-propre national a été humilié par la réhabilitation des Calas, c'est le faire courir à sa perte! Il faudrait
d'abord étudier le terrain à Toulouse. Voltaire s'adresse à
l'abbé Audra : « Il s'agit de savoir si Sirven pourrait se
présenter à Toulouse avec sûreté; pouvez-vous me nommer
un conseiller à qui je l'adresserai? » au marquis de Bé-
lestat de Garduch : « Si je pouvais compter sur quelques
conseillers, je suis sûr que la famille Sirven serait réhabilitée; voyez si vous connaissez quelque magistrat. » Il
écrit aussi à Saint-Lambert et le prie d'engager le prince
de Beauvau à solliciter pour les Sirven. A chacun d'eux il

dit que tout dépend de ses seuls efforts et que l'honneur
du succès lui reviendra. On lui répondit qu'il s'était fait
un tel progrès dans les idées, que la justification des Sirven
apparaissait à tout le monde comme probable : « Vous ne
sauriez croire combien augmente à Toulouse le zèle des
gens de bien, et leur amour et leur respect pour vous...
Une partie du Parlement vous est entièrement dévouée. »
Ces nouvelles, qui n'enorgueillissaient pas Voltaire, car il
se préoccupait moins de la gloire de son nom que de la
cause qu'il soutenait, l'encouragèrent beaucoup. Il se résolut à faire partir Sirven pour le Languedoc.

Celui-ci se rend à Mazamet et se constitue prisonnier.
Voltaire, qui de loin veille sur lui, s'en inquiète. Il lui
semble que Sirven pouvait ne pas se hâter autant de rentrer en prison. Mais il se rassure bientôt. Sirven a demandé
à être interrogé par les juges de Mazamet : on le confronte
avec les témoins entendus sept ans auparavant; il démontre
son innocence. Cette démonstration, il aurait pu la faire,
sans doute, et aussi éclatante, quand il prit la fuite avec
sa famille au mois de février 1762; mais elle n'eût convaincu personne : c'est que, alors, il n'avait autour de lui
que préventions, colères, haines aveugles; aujourd'hui,
toutes ces passions s'étaient affaiblies et la vérité apparaissait. La sentence du 16 novembre 1769 mit Sirven hors
d'instance. Ce n'était pas assez : la mise hors d'instance
ne déclarait pas l'accusé coupable, mais elle ne le pro-
clamait pas innocent. Sirven interjeta appel devant le
parlement de Toulouse.

La vigilance de Voltaire, dirigeant de Ferney les événements qui s'accomplissent à Toulouse, semble augmen-

ter encore à la veille du triomphe : il envoie à Sirven une
somme considérable pour qu'il puisse subvenir aux frais
du procès ; il fait solliciter les conseillers ; il écrit à l'avocat
Lacroix et le supplie d'apporter tout son zèle à cette cause ;
il recommande à Sirven de ne pas gêner, par des démarches
intempestives, l'action de l'avocat ; quand il a reçu le mémoire de Lacroix, il le comble d'éloges ; il fait sans cesse
à Sirven de nouvelles offres d'argent ; enfin, il veille à tout,
s'occupe de tout, dirige tout. Il avait alors soixante-dix-
sept ans, et, en six années, il avait écrit deux mille lettres
pour les Sirven.

Il fallut encore attendre. Enfin, le 25 novembre 1771,
le parlement réforme la sentence de 1764 : les Sirven sont
absous ; les biens confisqués sont restitués ; le tribunal de
Mazamet est, en outre, condamné aux dépens envers les
accusés. La réhabilitation était complète : pour les Sirven
comme pour les Calas, Voltaire avait rempli sa tâche. Près
de dix années s'étaient écoulées depuis la fuite de ces infortunés : « Il n'a fallu, écrivait-il, que deux heures pour
condamner cette famille, et il a fallu neuf ans pour lui
faire rendre justice. »

Ces procès des Calas et des Sirven, où Voltaire avait
vu ses efforts couronnés de succès, lui valurent des applau-
dissements universels. Plus d'une fois il reçut l'expression
de la vive reconnaissance des Protestants ; il l'avait bien
méritée. Le zèle ardent qu'il déploya dans ces circonstances
ne lui laissait, en effet, aucun repos et son âme était tout
entière dans le procès ; il avait l'habitude de dire que, si
le moindre sourire lui échappait tant que la victoire n'était
pas remportée, il se le reprochait comme un crime. C'est

par ces actes admirables de dévouement que sa mémoire se conservera dans le cœur de tous les honnêtes gens. Lui-même aimait à considérer cette réhabilitation des Calas et des Sirven comme un de ses plus beaux titres de gloire. Quelques semaines avant sa mort, comme il passait sur le Pont-Royal, un étranger demanda quel était cet homme que la foule suivait si nombreuse et si empressée : « Ne savez-vous pas, répondit une femme du peuple, que c'est le sauveur des Calas et des Sirven? » Cette simple phrase toucha plus Voltaire que tous les témoignages d'adoration qui lui étaient prodigués.

Lorsqu'on suit pas à pas Voltaire dans les deux affaires célèbres que nous venons de raconter, on trouve au premier rang, parmi les qualités si diverses qu'il a déployées, l'audace, la prudence et surtout la patience : l'audace, qui est la première condition du succès; la prudence, qui dirige et couvre l'audace et par laquelle on sait se contenir tout en paraissant ne rien ménager; la patience enfin, qui éloigne les défaillances et les découragements et nous rend inébranlables au milieu des épreuves. Ces trois qualités *maîtresses*, Voltaire les a possédées à un degré suprême et jamais elles n'ont brillé chez lui d'un plus vif éclat que dans les longs procès des Calas et des Sirven. L'histoire de ces infortunés nous présente donc un des exemples les plus saisissants de ce que peut la volonté de l'homme, de l'homme à la fois courageux, calme et opiniâtre, aux prises avec les difficultés les plus formidables de la vie.

Mais ce n'est pas le seul côté par lequel ces drames

mémorables puissent exciter notre intérêt. Les noms des
Calas et des Sirven resteront, en effet, toujours célèbres
parmi ceux des victimes de l'intolérance religieuse. On
peut même dire que, pour Voltaire, ces deux causes se
sont confondues en une seule, plus générale, plus élevée,
la cause de la Tolérance. La Tolérance, voilà la véritable
cliente de Voltaire. Pour elle, il a combattu toute sa vie,
et il n'est peut-être pas un seul de ses ouvrages où, avec
une adresse toujours merveilleuse, il n'ait essayé d'en
plaider la cause. Ses tragédies, ses poésies légères, ses
romans, ses contes, sa correspondance, tout nous le montre
en guerre avec le fanatisme : longue lutte dont les procès
de Sirven et de Calas n'ont été que des épisodes. Ses réflexions sur ce sujet important, encore si mal compris de
la plupart des hommes, ont été résumées par lui, en quelques pages éloquentes, dans son *Traité de la Tolérance*,
composé, nous l'avons vu, à l'occasion de Calas, et touchant ainsi d'une manière étroite à l'objet même de cette
étude.

L'ouvrage débute par le récit du procès et de la mort
de Calas. Puis Voltaire, jetant les yeux sur l'histoire de
l'humanité, essaye de prouver que les anciens peuples
civilisés étaient tolérants et que ce sont les Chrétiens qui,
les premiers, ont proscrit la liberté de penser. Dans ces
considérations, nous devons le reconnaître, il a montré une
indulgence singulière à l'égard de l'antiquité, qui a connu,
comme nous, les persécutions ; mais ce qu'il dit des Chrétiens
est rigoureusement vrai, car ils n'ont cessé de répandre le
sang pour des questions religieuses. Destruction des Vau-
dois, massacres de Vassy, de Toulouse et de la Saint-

4

Barthélemy; meurtres de Michel Servet, de de Witt, de Barneveldt; exécution d'Anne Dubourg; assassinat de Henri III; Dragonnades des Cévennes, et mille autres événements où nous avons été persécuteurs, bourreaux, assassins : voilà ce que nous offre l'histoire, sans remonter au delà du xvie siècle, sans même compter ces guerres et ces batailles sanglantes entreprises et livrées pour la religion. Quel spectacle! Ne suffit-il pas pour éloigner de l'intolérance? Et, en supposant que la douceur, l'indulgence, la liberté de penser, soient, comme on a essayé de le soutenir, des choses dangereuses, peut-on admettre qu'elles eussent produit, si le monde les avait pratiquées, des calamités aussi grandes?

S'élevant ensuite à des considérations philosophiques, Voltaire établit que la tolérance est de droit naturel, puisque le grand principe du droit naturel est, par toute la terre : « Ne fais pas à autrui ce que tu ne voudrais pas qu'on te fît à toi-même; » principe qui d'ailleurs a été proclamé par le fondateur du Christianisme, de telle sorte que l'esprit d'intolérance ne peut pas même s'appuyer sur les préceptes de la religion pour laquelle il a versé tant de sang.

Qu'il soit donc permis à tous les hommes de suivre les opinions qui leur paraissent les plus justes. Qui peut d'ailleurs, en pareille matière, être certain de posséder toute la vérité? Les religions sont questions de foi plus que de raisonnement rigoureux. Sans nier que, parmi les formes religieuses, il en existe une supérieure aux autres, il faut reconnaître que chaque homme, quelle que soit sa religion, croit professer la meilleure, et a, pour juger

ainsi, des raisons qui lui paraissent évidemment victorieuses. Dès lors, ne serait-il pas absurde que chacun de
nous, par ce motif qu'il se croit fermement en possession
de la vérité, eût en haine les autres et voulût les forcer de
se ranger à son avis, alors qu'ils pensent, comme lui, être
au sein de la vraie religion? Tel est cependant l'esprit d'intolérance. Remarquons, du reste, qu'il n'est aucun point
sur lequel les hommes s'accordent tous, et que, par conséquent, c'est le comble de la folie d'espérer, par la force ou
même par la persuasion, les amener tous à penser d'une
manière uniforme sur la religion. Laissons, au contraire,
se développer toutes les doctrines; et, pourvu qu'elles
ne troublent pas l'ordre public, gardons-nous de les proscrire sous ce prétexte qu'elles sont opposées au culte établi, car le jour où ceux qui les professent deviendraient la
majorité, nous serions obligés de trouver naturel qu'ils
nous proscrivent à leur tour. Vivons en paix : nous n'avons
pas un cœur pour nous haïr et des bras pour nous com-
battre. Que toutes les nuances qui distinguent les hommes
entre eux, religions, mœurs, lois, langages, « ne leur fassent pas oublier qu'ils sont des hommes et ne deviennent
pas des causes de persécution. »

Ces idées, développées par Voltaire dans son *Traité de
la Tolérance*, sont d'une admirable justesse. Mais, faire le
tableau des fureurs du fanatisme et enseigner la tolérance
par sa parole ou ses écrits, ce n'était pas assez : il fallait
encore trouver un moyen, en quelque sorte pratique et
d'une application facile, d'éloigner les hommes du fanatisme. Voici quelle fut la tactique de Voltaire. Elle repo-
sait tout entière sur cette idée : si les hommes se sont per-

sécutés, ce n'est pas pour se contraindre mutuellement
d'admettre l'existence de Dieu, la distinction du bien et du
mal, la liberté, la vie future, toutes ces vérités qui sont
comme le fond éternel de la conscience humaine, mais
« le péché originel, la trinité, la grâce, » et, d'une manière générale, tous les dogmes subtils qu'a enfantés la
métaphysique; par conséquent, s'ils rejetaient ces dogmes,
ou, du moins, ne leur accordaient aucune attention, les
persécutions disparaîtraient. Dès lors, Voltaire a pris son
parti : tandis qu'il proclame hautement toutes les vérités
qui n'ont amené aucune lutte entre les hommes, il travaille
à ridiculiser les dogmes, pour lesquels on s'est persécuté,
espérant que, devenus ridicules, ils seront délaissés et ces-
seront d'être une cause de combat. A-t-il eu une vue juste
de ces graves questions? Son admirable sagacité lui a-t-elle
fait entrevoir la marche générale des choses humaines? Il
faut le reconnaître : au degré de développement moral que
n'a pas dépassé l'humanité, il est peut-être difficile *pour le
plus grand nombre des hommes* d'être à la fois très-tolé-
rants et très-religieux; une certaine indifférence est encore
comme la condition préalable de la tolérance. Dans l'histoire de l'humanité, nous trouvons, en effet, trois périodes :
une première, où les hommes sont religieux, mais sans
intelligence, d'une manière étroite, et par suite intolérants; une seconde, dans laquelle les croyances religieuses
s'affaiblissent, et qui voit naître la tolérance ; une dernière,
où ils redeviennent religieux, mais d'une religion plus
éclairée, conciliable avec la tolérance, et dans laquelle,
tout en étant très attachés à une opinion religieuse, les
hommes comprennent qu'une opinion différente puisse

exister. Jusqu'au siècle dernier, les persécutions en font foi, la société chrétienne a traversé la première période; à cette époque, elle est entrée dans la seconde; la majorité des hommes n'a pas encore abordé la troisième. Voltaire, au sein d'une société qui n'était pas assez développée pour atteindre, du premier effort, l'union de ces deux choses, un grand zèle religieux et une tolérance complète, a dû, pour faire triompher la tolérance, passer par l'indifférence. Mais lui-même comprenait qu'il obéissait à une nécessité de son temps : s'il vivait parmi nous, il se proposerait un autre but et emploierait d'autres armes.

A un autre point de vue encore, les procès de Calas et de Sirven sont dignes de toute notre attention : ils nous montrent Voltaire en correspondance avec les puissants de l'époque et trouvant dans ces relations considérables une facilité plus grande pour accomplir son œuvre. On a reproché à Voltaire ses faiblesses et ses flatteries pour les grands. Soyons plus juste : s'il les a souvent adulés, ce n'est pas acte de courtisan, c'est ruse de guerre. Voltaire, en effet, étudiant les progrès qui se sont accomplis dans le monde, avait vu que le petit nombre gouverne le grand et que souvent un seul homme dirige toute une nation. Il avait aussi remarqué que les puissants protègent dans l'occasion et qu'un écrivain, dont les œuvres hardies seraient, dès le premier jour, s'il ne s'abrite sous aucune protection, arrêtées par un pouvoir inquiet, peut trouver dans la faveur de ces personnages un moyen de répandre plus librement ses idées. Dès lors, Voltaire a organisé son plan : par l'influence des grands, obtenir « quelque liberté » de publication et faire ainsi passer adroitement bien des har-

diesses; par ces hardiesses, soulever la foule et surtout
ceux qui la conduisent, ministres et rois, que, comme
écrivain, il a déjà su charmer; les rallier, sans qu'ils
pensent suivre son impulsion, au parti philosophique;
faire appliquer par eux ses propres idées en leur laissant
supposer qu'ils appliquent les leurs. Voilà le plan : mais,
pour l'exécuter, que de difficultés à vaincre! Il fallait
d'abord une grande situation dans le monde, qui permît
d'exercer une large hospitalité et d'entretenir des relations
étendues; en un mot, il fallait être riche : c'était le seul
moyen de gagner les puissants. Voltaire l'avait compris dès
l'âge de vingt ans, et il avait travaillé à acquérir la richesse,
non pour la richesse elle-même, qui n'était à ses yeux qu'un
moyen et non un but, mais pour la liberté et l'importance
qu'elle donne. Puis, il pensa qu'un titre lui serait utile,
pour se défendre envers les commis et les hommes d'affaires d'une foule de petites vexations : c'était chez lui
question d'utilité et non d'ostentation, d'influence et non
de vanité. Il chercha donc à obtenir, non un titre de noblesse, mais le titre de gentilhomme de la chambre du
roi. La richesse, un titre, voilà de premiers éléments d'action; mais cela ne suffit pas : pour captiver les grands,
pour leur faire accepter ses opinions les plus hardies,
pour les diriger avec tellement d'habileté qu'ils ne croient
point obéir à une main étrangère, il faut encore à Voltaire
toute espèce de séductions. Savoir, dans chaque homme,
découvrir la passion dirigeante et la flatter; laisser de côté
sa malice naturelle, son goût excellent, et louer bien des
sots; exagérer l'éloge et le donner en même temps avec
une certaine délicatesse qui n'en laisse pas apparaître l'é-

normité; accorder souvent beaucoup pour avoir peu aujour-
d'hui, mais afin d'obtenir plus demain ; quelquefois « ne
point voir et ne pas entendre, ou du moins le paraître, »
ne pas regarder de trop près « à certaines personnes et à
certaines choses, » au besoin être pris pour dupe; parfois
aussi, par un retour soudain, montrer toute sa puissance,
et, par quelques épigrammes mordantes, rendre plus précieux ses éloges et ses flatteries : tout cela était nécessaire.
Voltaire ne faillit point à la tâche ; et c'est ainsi que nous
le voyons en relations perpétuelles et souvent dans une
grande intimité avec les personnages considérables du
temps : combien ont cru, prenant ses flatteries au sérieux,
l'honorer de leur protection, qui n'étaient, pour lui, que
des instruments employés au triomphe de ses idées! Voilà
ce qu'il a fait : personne ne fut moins que lui un véritable
courtisan ; il était né indépendant de caractère et il l'est
resté toute sa vie ; seulement il voulait diriger son époque
et il eut recours aux moyens qu'il fallait employer pour
atteindre ce but. Telle est la vérité.

Est-ce à dire qu'on doive louer Voltaire de toutes les
adulations qu'il a prodiguées? Non : mais il faut reconnaître que, tout en faisant de nombreuses concessions à
la faveur des salons et des cours, il ne lui a jamais sacrifié
« les bonnes et grandes opinions; » il faut surtout reconnaître que, grâce à cette souplesse dont on lui fait si souvent un crime, il a popularisé les principes de la civilisation moderne. Pour ne pas sortir des limites de notre
travail, nous dirons : Si Voltaire n'avait pas gagné la
plupart des souverains de l'Europe à la cause de ses protégés ; s'il ne s'était pas concilié la faveur de M. de Choi-

seul et du chancelier de Lamoignon ; s'il n'avait pas, par
des éloges adroitement distribués, rendu les rapporteurs
favorables, et su, par des flatteries habiles, intéresser à
ses efforts une partie de la grande société de l'époque ;
s'il n'avait pas dissimulé la colère qu'excitaient en lui la
négligence et la sottise de ses auxiliaires ; si, en un mot,
il n'avait employé toutes sortes d'expédients, de ruses,
d'artifices, les noms des Calas et des Sirven seraient restés
flétris.

Le zèle qu'a déployé Voltaire pour ces victimes célèbres
de la barbarie du temps, nous le retrouvons aussi ardent,
aussi infatigable, dans d'autres procès, où, pour n'avoir
pas toujours vu ses efforts couronnés d'un succès éclatant,
il n'en mérite pas moins, comme dans les affaires de Calas
et de Sirven, toute la reconnaissance de la postérité.

C'est au moment même où il travaillait à la réhabilitation de Sirven qu'il défendit La Barre, Lally-Tollendal,
Montbailly; et ce n'a pas été un spectacle digne de peu
d'intérêt que celui de cet homme s'occupant à la fois de
procès si divers, et, avec l'activité merveilleuse que nous
avons admirée, les menant tous de front, sans que le soin
donné à chacun d'eux diminuât l'attention qu'il accordait
aux autres.

L'exécution du chevalier de La Barre eut lieu à Abbeville. Ici encore la cause de la catastrophe c'était la Religion. Une différence profonde sépare toutefois cette affaire
des deux précédentes : Calas et Sirven ont été frappés
pour des crimes, sans doute imaginaires, mais qui auraient

mérité la peine la plus sévère, *s'ils avaient été réellement commis*, car ils étaient de ceux que la loi doit punir ; La Barre, au contraire, a expié par la main de l'État une offense à la Religion, offense qui n'avait rien de public, qui n'était qu'un *péché*, et que la loi n'avait pas le droit de frapper. Là, des innocents ont péri victimes du fanatisme qui animait la foule et les magistrats ; ici, c'est un infortuné sacrifié de sang-froid au principe si funeste de la confusion de l'Église et de l'État.

En 1765, dans Abbeville, trois jeunes gens, le chevalier de La Barre, d'Étallonde et Moinel, passèrent, sans ôter leur chapeau, à trente pas d'une procession de Capucins. Quelques jours plus tard, une croix de bois, posée sur le pont de la ville, fut endommagée. Un sieur Duval de Saucourt, à qui le chevalier de La Barre avait naguère parlé avec hauteur et qui voulait s'en venger, confondit adroitement ces deux aventures qui n'avaient aucune connexité et essaya de les mettre l'une et l'autre à la charge de La Barre et de ses amis. Il chercha des dénonciateurs, et, comme il arrive toujours, en découvrit ; puis il alla chez le premier juge de la sénéchaussée d'Abbeville et le contraignit d'entendre ceux qu'il amenait. La procédure une fois commencée, on lança des monitoires qui, poussant, sous peine de damnation éternelle, à l'accusation, troublaient les consciences : chacun se hâta de répéter ce qu'il avait entendu, ou cru entendre dire, et les délations se multiplièrent.

Cependant, il ne résulta pas d'une seule déposition que les accusés eussent la moindre part à la mutilation du crucifix. Il parut certain, au contraire, qu'ils ne s'étaient

pas découverts devant les Capucins : d'ailleurs, ils ne le
niaient pas. De plus, en recherchant toutes les actions de
leur vie, des paroles échappées longtemps auparavant,
des conversations secrètes, on arriva à établir qu'ils avaient
chanté des couplets irrévérencieux pour la Vierge et les
Saints : dans une réunion intime, il est vrai, de sorte
qu'aucun scandale n'en était résulté. Enfin, il fut déclaré
par un témoin que La Barre et d'Étallonde avaient agité
devant lui des questions religieuses, et dit, faisant allu-
sion à l'Eucharistie, qu'on ne devrait pas *adorer un Dieu
de pâte*. Le jeune Moinel, enfant de quatorze ans, interrogé
sur ce qu'avaient dit ou fait La Barre et d'Étallonde, répondit d'abord qu'il ne savait rien; puis, intimidé par les
juges, il avoua que, chez eux, dans des entretiens parti-
culiers, ses deux amis avaient discuté sur la religion.

On les condamna à mort l'un et l'autre : ils devaient
subir la torture, puis avoir la main droite coupée et la
langue arrachée, enfin être décapités et jetés dans les
flammes (28 février 1766). D'Étallonde avait déjà pris la
fuite, mais La Barre restait entre les mains des juges.

La sénéchaussée d'Abbeville ressortissait au parlement
de Paris : la sentence y fut confirmée, malgré une consultation signée des avocats les plus célèbres, au premier
rang Gerbier et Linguet, malgré les conclusions du procureur général, par quinze conseillers contre dix : le Parlement, qui venait de remporter sa grande victoire sur les
Jésuites, voulut prouver qu'il respectait la religion. On
attendait une commutation de peine, une grâce du roi.
Mais Louis XV, devenu indifférent à tout ce qui n'intéressait
pas ses plaisirs, ne pouvait être réveillé, par la condamna-

tion du chevalier de La Barre, de la léthargie honteuse où il était plongé : le condamné fut envoyé à Abbeville pour être exécuté.

On l'appliqua à la torture : il la supporta sans se plaindre et ne fit aucune révélation; qu'aurait-il révélé? On lui donna, pour l'assister au dernier moment, un Dominicain, excellent homme qu'il connaissait beaucoup. La veille du supplice, comme on leur servit à dîner, le Dominicain, tout en larmes, ne pouvait manger : « Prenez un peu de nourriture, lui dit La Barre; vous aurez besoin de force autant que moi pour soutenir le spectacle que je vais donner. » Le repas fut calme : le condamné ne manifestait aucune faiblesse, aucune agitation. Le lendemain, devant le portail de Saint-Wulfranc, il refusa de réciter la formule d'amende honorable. Cinq bourreaux étaient venus, de Paris, pour cette exécution : « Ne craignez rien, leur dit-il; je me tiendrai bien et je ne ferai pas l'enfant. » Ils eurent l'humanité de ne lui couper ni la main, ni la langue. Sa tète, abattue du second coup, tomba, et le corps fut jeté dans le bûcher. Il avait dix-neuf ans.

La populace, avec la férocité stupide dont elle fait toujours preuve dans ces horribles drames, se rua sur le bûcher éteint et dispersa les cendres de celui qui venait d'expirer avec tant d'héroïsme.

On répète souvent que le chevalier de La Barre est mort pour avoir brisé un crucifix. Rien n'est moins exact : la sentence d'Abbeville et l'arrêt du parlement de Paris constatent qu'il était seulement *suspecté* de l'avoir endommagé. Ce n'est pas davantage l'aventure de la procession qui l'a fait frapper. Il a été exécuté pour avoir chanté des couplets impies et *osé* discuter sur la religion. Ces chansons dites dans des entretiens intimes, ces conversations tenues secrètement, dont personne n'aurait eu connaissance si des monitoires ne les avaient tirées de leur obscurité, qui devaient être traitées comme des pensées, et ne pouvaient devenir le motif d'aucune condamnation, voilà ce qui a fait mourir le chevalier de La Barre.

Mais supposons qu'elles eussent été publiques : La Barre devait-il être condamné? La réponse est facile. Pour les chansons, tout en faisant remarquer que, impies dans la religion catholique, elles étaient innocentes dans les autres, et que d'ailleurs celui-là seul profère un blasphème qui croit à l'existence et aux attributs de ce qu'il outrage, il faut reconnaître que le chevalier de La Barre méritait une punition légère, s'il avait, par ses chants, blessé les consciences religieuses de ceux qui l'entendaient. Quant aux réflexions et entretiens auxquels il s'était livré sur la religion, il n'avait fait, en refusant d'admettre certains points de la doctrine catholique, que ce que font les membres des autres religions ; et des paroles, respectées chez ces derniers, ne pouvaient, dans sa bouche, mériter une peine : il avait donc certainement le droit d'exprimer en public son opinion la plus hardie sur les matières religieuses, et, pourvu qu'il le fît avec convenance, personne ne devait s'en trouver blessé. Mais ce n'est encore là qu'un côté, et le moins important, de la question. Disons-le hautement : ce qui a fait condamner le chevalier de La Barre, ce n'est pas le trouble que son langage ou ses chansons avaient pu apporter dans l'âme des auditeurs, c'est la faute commise aux yeux de la religion catholique, le péché ; c'est le péché, et lui seul, qu'on a voulu atteindre quand on a puni le *blasphème résultant du fait d'avoir chanté des couplets impies*, blasphème qui peut-être n'avait pas été commis (La Barre pouvant ne pas croire à la Vierge et aux Saints que ses chants outrageaient), et qui, son existence fût-elle certaine, ne regardait que la conscience et n'encourait pas l'application de la loi ; c'est le péché, et lui seul, qu'on a voulu atteindre quand on a puni le fait d'avoir discuté les principes du catholicisme, fait que cette religion pouvait considérer comme répréhensible, mais qui, pour La Barre, n'était, comme le blasphème, qu'une question de conscience, et ne pouvait dès lors tomber sous le coup de la loi. Il est donc mort, frappé par la société civile pour des faits qui ne concernaient que la religion : jamais la liberté de la pensée humaine n'a été plus violemment foulée aux pieds. Il est mort pour des actes qu'on a osé qualifier crimes de lèse-majesté divine : comme si la Divinité avait remis aux hommes le droit de se faire juges des offenses qu'elle peut avoir reçues !

« Il y a dans tout cela de quoi frémir d'horreur, écrivait Voltaire quelques jours après l'exécution ; j'avoue que la tempête qui a fait périr le chevalier de La Barre m'a fait plier la tête. » Il allait cependant se remettre bientôt, et faire retentir l'Europe de sa voix éloquente. Il ne chercha pas à obtenir, comme pour Calas et Sirven, une réhabilitation judiciaire : il était alors, en effet, au plus fort de l'affaire Sirven qu'il allait porter devant le Conseil du roi, et qui l'occupait trop pour qu'il pût songer à solliciter, au même moment, une nouvelle évocation ; d'ailleurs, les circonstances dans lesquelles avait été pro-

noncée, et surtout maintenue, la condamnation de La Barre,
lui prouvaient que tous ses efforts pour le faire réhabiliter
seraient impuissants. Mais, si l'on ne devait pas, de longtemps encore, obtenir cette réhabilitation, on pouvait, du
moins, protester énergiquement, ne pas laisser tomber
dans l'oubli le nom d'un infortuné, mort victime d'un principe détestable, et le faire au contraire passer à la postérité pour la honte éternelle des juges qui le frappèrent et
pour la condamnation du système politique et religieux
sous lequel il avait succombé : voilà ce que Voltaire ac-
complit, et c'est ainsi qu'il a rendu le nom du chevalier
de La Barre plus célèbre peut-être que ceux des Sirven et
des Calas.

Voulant dresser une *relation* qui puisse émouvoir le
public, il demande d'abord, pour connaître exactement les
faits, à d'Argental, à Damilaville, à Élie de Beaumont, de
lui envoyer la consultation des avocats de Paris ; il demande
aussi les conclusions du procureur général, l'avis du rapporteur, les noms des conseillers qui ont opiné *contre* et
dont la postérité aura à faire justice : avec ces éléments,
il veut gagner la cause de La Barre dans l'esprit de tous
les honnêtes gens, avoir pour lui le public qui est toujours
le souverain juge en toutes choses, faire proclamer l'iniquité de la condamnation par le cri de l'Europe entière
qui lui semble le plus beau des arrêts.

Les renseignements arrivent : il compose alors une relation sur l'horrible événement d'Abbeville, avec ce titre :
« Lettre à Beccaria ; » mais il juge prudent de ne pas la
faire paraître sous son nom, et elle est supposée écrite par
M. Cassen à Beccaria. Le célèbre publiciste venait de com-

poser son *Traité des délits et des peines*, que l'école philosophique accueillit avec enthousiasme et que Voltaire lui-
même commenta. Ame sensible et généreuse, cherchant la
vérité avec son cœur et sa conscience, il avait élevé la voix
contre la procédure et la pénalité de son temps. L'ouvrage
parut peu de temps après la condamnation de Calas et de
Sirven : Beccaria s'était intéressé à ces drames douloureux et avait encouragé les nobles efforts de Voltaire. Le
procès d'Abbeville l'indignait. C'est à lui, comme à un
illustre protecteur des victimes de l'injustice humaine, que
Voltaire adressa sa relation de la mort du chevalier de La
Barre : elle se répandit partout et éveilla bientôt les sentiments de la plus vive réprobation.

Toutes les qualités que, dans l'affaire Calas et l'affaire
Sirven, nous avons admirées chez Voltaire, nous les retrouvons ici. Dirons-nous une fois encore son activité et sa
persévérance admirables? Ce serait sans cesse présenter le
même tableau. D'ailleurs, ici, Voltaire ne poursuivant pas
une réhabilitation judiciaire, n'ayant pas d'avocats à exciter, de rapporteurs et de juges à rendre favorables, de
mémoires à corriger, de maladresses et d'imprudences à
réparer, mais faisant seulement un appel à l'opinion
publique, nous n'aurions pas la variété et l'imprévu qui
donnent au récit de ses efforts pour Sirven et Calas l'intérêt
d'un véritable roman : bornons-nous à dire que, jusqu'à
la fin de sa vie, il poursuivit d'une voix vengeresse les
juges qui avaient prononcé cette condamnation; que, le
25 janvier 1775, âgé de quatre-vingt-un ans, il écrivait
encore à Mme la marquise du Deffand : « Cet exécrable
assassinat est plus horrible que celui des Calas. » L'opinion

prit bientôt parti pour cet enfant si cruellement massacré.
Mais sa mémoire ne devait pas encore être réhabilitée :
elle ne l'a été que le 25 brumaire an II par la Convention
nationale.

Voltaire avait aussi porté son attention vers d'Étallonde
qui s'était réfugié en Prusse. Il lui écrivit au commencement de l'année 1757 et lui offrit d'employer pour lui
toute son influence. D'Étallonde ayant répondu qu'il désirait rester au service du roi de Prusse, Voltaire s'adressa
à Frédéric : celui-ci eut égard à cette recommandation.
Pour lui, d'ailleurs, *les crimes abominables* commis par La
Barre et d'Étallonde n'étaient que des faits d'une minime
gravité : « Les accusés, avait-il dit dès l'origine, doivent
être condamnés, en cas qu'ils aient mutilé une figure de
bois, à en donner une autre à leurs frais; s'ils ont passé
devant des Capucins sans ôter leur chapeau, ils iront leur
demander pardon; s'ils ont chanté des chansons gaillardes,
ils chanteront des antiennes; s'ils ont lu quelques mauvais
livres, ils liront deux pages de la *Somme* de saint Thomas. »
Sur ce dernier point, le jugement de Frédéric, quoique moins
inhumain que celui d'Abbeville, n'était cependant pas sans
quelque sévérité : plus clément, Voltaire n'eût infligé aux
coupables qu'un poëme sacré de Lefranc de Pompignan.
D'Étallonde fut nommé officier. En 1774, Voltaire écrivit à
Maupeou et lui demanda de faire restituer à son protégé
des biens qui avaient été confisqués; mais le célèbre
chancelier ne paraît pas avoir fait droit à cette requête.
D'Étallonde obtint l'année suivante un congé : il se rendit
à Ferney. C'est à cette époque que Voltaire composa pour
lui un mémoire, *le Cri du sang innocent,* qui avait pour

objet la révision de la procédure d'Abbeville. Voltaire
attendait beaucoup de cet écrit, adressé à un jeune roi qui
paraissait aimer la justice. Cependant, il ne produisit aucun effet et l'injustice ne fut pas réparée.

L'année même de l'exécution du chevalier de La Barre,
et presque le même jour, le comte de Lally-Tollendal
montait sur l'échafaud. Par une coïncidence lugubre,
c'étaient les mêmes bourreaux qui avaient mis à mort les
deux victimes.

Irlandais de naissance, issu d'une famille attachée à la
fortune malheureuse des Stuarts, connu pour la haine
qu'il avait vouée aux Anglais, remarqué pour son courage
à la bataille de Fontenoy et dans la tentative de Charles-
Édouard en Écosse, Lally-Tollendal fut envoyé dans l'Inde
à la fin de l'année 1757. La lutte qui y avait pris naissance entre les compagnies anglaise et française, au
moment où commença en Europe la guerre de la Succes-
sion d'Autriche, venait, après quelques années de calme,
d'éclater une seconde fois, la guerre de Sept ans ayant mis
de nouveau la France et l'Angleterre dans des camps opposés. Lally débarqua à Pondichéry et prit immédiatement
l'offensive. Ainsi qu'il arrive souvent au début d'une campagne qui doit se terminer par des défaites, et comme la
France l'a surtout éprouvé dans ses expéditions lointaines,
presque toutes brillamment commencées et tristement
finies, le succès couronna les premiers efforts : l'armée
française s'empara de Saint-David, d'Arcate, de quelques
autres villes, et osa même assiéger Madras. Mais, forcé de
lever le siège devant les secours considérables que rece-

vait la garnison anglaise, Lally dut rentrer dans Pondichéry, où il trouva le conseil et tous les employés de la
compagnie irrités et presque révoltés contre lui. Naguère
assiégeant, il fut bientôt assiégé à son tour. Fait prisonnier, après une défense héroïque (janvier 1761), conduit
à Madras, puis embarqué sur un vaisseau où il endura,
pendant une longue traversée, les plus mauvais traite-
ments, il parvint enfin en Angleterre, et de là, libre sur
parole, il passa en France. Mais des ennemis nombreux
l'y attendaient : d'abord, par son caractère emporté, il
avait excité bien des mécontentements, encore inapaisés;
puis le gouvernement, injuste comme le sont souvent les
gouvernements envers les hommes qui les ont servis, lui
reprochait les malheurs éprouvés par nos armes; enfin
tous ceux dont les intérêts privés avaient souffert dans ce
désastre s'adressaient à lui et le rendaient responsable des
pertes qu'ils avaient supportées. C'est par ces causes
diverses que Lally vit tout à coup sa condamnation deman-
dée de toutes parts. Jamais, dans un procès, la passion n'a
joué un plus grand rôle que dans celui dont nous nous
occupons.

Accusé de s'être entendu avec les Anglais pour trahir
les intérêts de la France, et d'avoir amassé au milieu de
la détresse générale une fortune immense, il fut enfermé à
la Bastille, puis jugé par le parlement. Des magistrats qui
n'avaient jamais quitté la France et qui ne savaient rien
des choses de la guerre, eurent à décider (spectacle grotesque au milieu de ce drame sinistre), si Lally avait, dans
l'Inde, *entre Madras et Pondichéry*, observé toutes les
règles de la *stratégie militaire*. Il n'eut pour sa défense

d'autre conseil que lui-même. Naturellement irritable, et rendu plus violent par l'accusation dont il était l'objet, il écrivit alors plusieurs mémoires pleins d'emportement qui augmentèrent encore le nombre de ses adversaires. Condamné à mort, le 6 mai 1766, il fut conduit au supplice avec un bâillon dans la bouche. Ses ennemis osèrent, lorsqu'il monta sur l'échafaud, l'insulter par des battements de mains. Il mourut courageusement, comme il avait vécu.

Après sa mort, on reconnut qu'il ne laissait aucune fortune : événement toujours rare chez les hommes qui à un moment de leur vie ont eu en main le pouvoir. Ainsi tombait déjà une partie des accusations dirigées contre lui. On comprit bientôt aussi qu'il n'était coupable d'aucune trahison; qu'il avait, au contraire, loyalement rempli la mission qui lui était confiée. L'innocence de cet infortuné apparut alors dans tout son jour.

Indigné de la condamnation qui avait frappé un innocent et de la passion qui l'avait inspirée, Voltaire écrivait à d'Argental, quelques jours après l'exécution : « Ma destinée est de ne point être content des arrêts des parlements; j'ose ne pas l'être de celui qui a condamné Lally. J'ai sur le cœur le sang de cet infortuné. » Comme l'affaire de La Barre, celle de Lally-Tollendal allait l'occuper jusqu'à ses derniers moments : « Je vois souvent, disait-il, dans mes rêves, à droite et à gauche, La Barre et Lally. » En 1773, un neveu de Lally ayant eu l'intention de présenter au Conseil une requête en révision du procès, Voltaire lui écrit sur-le-champ, lui recommande d'éviter dans son mémoire tout ce qui pourrait choquer les membres du Conseil, et de le faire signer par plusieurs avocats; il ter-

mine en lui disant : « Je m'offre d'être votre secrétaire
malgré mon âge de quatre-vingts ans ; ce sera une consolation pour moi que mon dernier travail soit pour la
défense de la vérité. » Vers la même époque, il imagina
de faire une *Histoire des révolutions de l'Inde*, dans
laquelle le procès et la mort de Lally-Tollendal, dont il
voulait faire bien connaître au public tous les détails,
trouveraient naturellement leur place. L'année suivante,
lorsque le fils de Lally entreprit de faire réhabiliter la
mémoire de son père, Voltaire l'encouragea de toutes ses
forces. Pendant trois ans, il ne cessa d'applaudir à ces
efforts généreux et de travailler lui-même à cette tâche si
difficile.

En 1778, au mois de mars, après cet accueil glorieux
que Voltaire reçut à Paris ; après cette représentation
d'*Irène*, où une foule enthousiaste acclama l'illustre vieillard qui l'avait tant charmée par son esprit et éclairée par
sa raison ; après ces ovations triomphales qui le sui-
virent, à chaque pas, jusqu'à son dernier jour ; alors que
la mort approchait et qu'il avait seulement quelques heures
à vivre, il apprit que l'arrêt rendu douze années auparavant venait d'être cassé. Secouant la torpeur où il était
plongé et qui déjà le rendait indifférent à toutes choses, il
se fit soulever sur son lit et écrivit au jeune comte de
Lally ces quelques mots, qui n'ont besoin d'aucun com-
mentaire : « Le mourant ressuscite à cette grande nouvelle,
je meurs content. » Ce fut sa dernière lettre.

Dans les procès que nous venons de parcourir, Voltaire
s'est toujours élevé, et avec une juste raison, contre la

procédure et les peines de son temps; mais, si ces diffé-
rentes affaires ont de la sorte un lien commun, chacune
d'elles a aussi un caractère particulier qui la distingue des
autres : c'est ainsi que, dans les procès de Calas et de
Sirven, le fanatisme religieux; dans celui de Lally-Tollendal, la passion aveugle qui s'attaque à un homme parce
qu'il a été malheureux et lui fait un crime de son infor-
tune; dans celui de La Barre, le principe de la confusion
de l'Église et de l'État, ont été les causes principales de
la mort de ces victimes. Dans le procès de Montbailly, au
contraire, qu'il nous reste à raconter, nous nous trouvons
en face d'une erreur judiciaire, où le côté absurde et
cruel de notre législation criminelle est en pleine lumière,
aucun motif particulier de condamnation n'étant ici venu
se joindre à cette cause générale; et, par conséquent, tandis que pour Calas, Sirven, La Barre, Lally-Tollendal,
nous avons insisté sur le côté par lequel chacune de ces
affaires se détachait des autres, nous allons, dans celle de
Montbailly, faire connaître les idées de Voltaire sur la
réforme de nos lois criminelles.

Montbailly habitait à Saint-Omer avec sa jeune femme
et sa mère, âgée de soixante ans. Le 27 juillet 1770, à
sept heures du matin, en entrant dans la chambre de
celle-ci, il la trouva renversée hors du lit, la tête penchée
à terre ; elle était morte, et tout prouvait qu'elle avait,
dans la nuit, succombé à une attaque d'apoplexie, depuis
longtemps imminente. Montbailly appelle sa femme. Bientôt des voisins accourent; tous prennent part à sa douleur.
Mais quelques passants désœuvrés émettent cette idée

que les jeunes époux ont bien pu tuer leur mère. Jamais supposition ne fut plus dénuée de fondement : Montbailly et sa femme avaient toujours manifesté pour la défunte les sentiments les plus tendres; ils montraient d'ailleurs, au milieu de leur affliction, une tranquillité qui eût été bien extraordinaire au lendemain d'un crime aussi atroce. Pouvaient-ils avoir assassiné leur mère pour en hériter? Mais elle n'avait d'autre bien qu'une petite rente qui devait s'éteindre avec elle. Enfin, dans la maison, on ne trouvait aucune trace de meurtre ou même de lutte.

Des experts sont mandés : ils examinent le cadavre et déclarent l'apoplexie, sinon certaine, du moins possible. Malgré cet avis favorable, Montbailly et sa femme sont emprisonnés et les juges ordonnent *un plus ample informé* d'une année pendant lequel ils resteront en prison. Comme si cette sentence était trop indulgente, le procureur du roi interjette appel *à minimâ* devant le conseil supérieur d'Artois siégeant à Arras. Celui-ci trouve suffisants les indices dont les juges de Saint-Omer n'avaient pas cru pouvoir se contenter. Ni les protestations des accusés, ni l'explication toute simple qu'ils donnent de la mort de leur mère, ni leur attitude calme au milieu des tourments de la question, rien ne peut les sauver. Montbailly est envoyé à Saint-Omer pour être exécuté. Il monte sur l'échafaud, prenant Dieu à témoin de son innocence. Le peuple qui, dans les premiers moments, avec une légèreté coupable, l'avait accusé, mais qui était revenu de son erreur, lui donne des larmes. Sa femme, se trouvant enceinte, fut enfermée dans un cachot d'Arras, pour être exécutée quand elle aurait mis au monde son enfant.

Dans ce procès, les juges ne voulaient pas, comme ceux de La Barre, punir au nom de la société civile une offense à la religion; ils n'étaient pas emportés par le fanatisme, comme ceux de Sirven et de Calas; ils n'obéissaient pas, comme ceux de Lally-Tollendal, à la passion qui animait le public contre un officier malheureux que l'on voulait punir de sa défaite. Ici, le cri de la foule de Saint-Omer s'était bientôt affaibli, puis éteint, et les juges d'Arras ne l'avaient même pas entendu. Ils avaient donc frappé sans passion, froidement, un innocent : la cause de sa mort, c'était notre législation criminelle, qui ne donnait pas assez de garanties à l'accusé et qui permettait aux juges de frapper trop facilement d'autres que les coupables.

Dès qu'il connut cet horrible événement, Voltaire offrit son appui aux parents éplorés de la femme de Montbailly, et sur-le-champ il adressa au chancelier Maupeou un mémoire où il demandait, au nom de cette famille infortunée, la révision du procès; il s'appuyait sur l'avis du célèbre médecin Louis et sur une consultation signée de plusieurs avocats. « C'est d'une famille obscure et pauvre qu'il s'agit, disait-il; mais le plus vil citoyen massacré sans raison avec le glaive de la loi est précieux à la nation. » Il eut le bonheur de réussir; l'affaire fut remise entre les mains d'un nouveau conseil établi dans Arras, qui déclara Montbailly et sa femme innocents. Celle-ci fut ramenée en triomphe à Saint-Omer. Voltaire fit alors, sur cette affaire, un second mémoire, adressé au public, où il exprimait de nouveau, comme il l'avait déjà fait dans les autres procès dont il s'était occupé, ses vues sur la législation criminelle.

Avant de punir les délits et les crimes, les prévenir

en répandant l'instruction et en chassant la misère; diminuer le nombre des faits qualifiés délits ou crimes, en retranchant de ce nombre tous ceux qui ne sont pas des offenses directes à la société civile : tel était le double point de départ de Voltaire. En procédure, bannir le secret, car ce n'est pas à la justice de se cacher; donner toujours un défenseur à l'accusé ; se montrer scrupuleux sur la nature et la force des preuves, c'est-à-dire supprimer tous les indices, toutes les conjectures et n'admettre que des preuves rigoureuses ; faire disparaître la torture contre laquelle protestent non-seulement tous les sentiments humains que nous portons dans notre âme', mais la raison elle-même, car la société ne peut infliger une peine à un de ses membres lorsqu'elle doute encore s'il est innocent ou coupable; motiver tous les arrêts, afin que les juges ne puissent plus frapper un accusé parce que tel serait leur bon plaisir ; en matière de peines, tâcher d'abord de punir utilement, c'est-à-dire rendre la peine plus honteuse que cruelle, et, si cela est possible, faire réparer le dommage causé; proportionner les peines aux faits à punir; supprimer tous les supplices recherchés et même la peine de mort, « sauf le cas où il n'y aurait pas d'autre moyen de sauver la vie du plus grand nombre » : voilà les réformes que Voltaire n'a cessé de demander pendant toute sa vie.

Mais une réforme dominait pour lui toutes les autres : celle des tribunaux chargés d'appliquer nos lois criminelles. On a dit beaucoup de bien et beaucoup de mal des anciens parlements. Il est certain qu'ils ont combattu les tendances envahissantes du pouvoir religieux; qu'ils ont « compté pour quelque chose » la discipline et le droit; qu'ils ont été parfois indépendants; qu'ils ont fourni des exemples de constance et même d'intrépidité. Mais il est certain aussi qu'ils ont connu toutes les vanités et toutes les prétentions; qu'ils ont été intolérants, ennemis de toutes les découvertes, de tous les progrès, et que jamais aucune institution n'a été plus attachée à ses abus. C'est par ce côté surtout qu'ils ont frappé l'attention de Voltaire. Il voulait refaire la société : les rencontrant devant lui immobiles, opposés à son œuvre, il les combattit. En ce qui touche l'application des lois criminelles, il les trouvait durs, cruels même : « Serait-il vrai, disait-il, que les hommes accoutumés à juger les crimes contractent l'habitude de la cruauté et se fassent à la longue un cœur d'airain?... Cette loi universelle, qu'il vaut mieux hasarder de sauver un coupable que de punir un innocent, serait-elle bannie du cœur de quelques magistrats trop frappés de la multitude des délits ? » D'ailleurs, même en supposant que les juges ne s'habituent pas aux supplices, il trouvait dangereux de remettre le soin de trancher les questions criminelles, qui soulèvent toutes plus ou moins une question de liberté, à des magistrats, c'est-à-dire à des hommes qui auraient besoin d'une force d'âme particulière pour garder toujours leur indépendance dans la situation où ils sont placés : « Quand des juges, écrivait-il, n'ont que l'ambition et l'orgueil dans la tête, ils n'ont jamais l'équité et l'humanité dans le cœur. » Puis, il jugeait déraisonnable et comme contraire à l'essence même de la justice humaine de laisser frapper un homme dans sa liberté, c'est-à-dire dans sa vie, par des juges que cet homme ne peut pas socialement considérer comme *ses semblables : «* Il faut en revenir à l'ancienne méthode

des jurés qui s'est conservée en Angleterre. » Il entre-
voyait déjà cette vérité, aujourd'hui bien démontrée, que
tout ce qui concerne de près ou de loin une peine à infliger doit être, si l'on ne veut consolider les assises sùr
lesquelles repose le despotisme, décidé par le pays lui-
même et par le pays seul.

Il nous reste, pour compléter l'étude des causes intéressantes dont Voltaire a été l'avocat, à dire quelques
mots de ses mémoires judiciaires : Voltaire, en effet, pour
tous ses clients, excepté pour Lally-Tollendal, dont il n'a
pris la défense que dans des lettres nombreuses et dans
les *Fragments sur les révolutions de l'Inde*, a composé,
nous l'avons vu, de véritables *mémoires*. Les *pièces originales* que Mme Calas avait remises au chancelier de Lamoignon, la *Lettre à Damilaville sur les parricides im-
putés aux Calas et aux Sirven*, la *Relation de la mort du
chevalier de La Barre*, adressée à Beccaria ; *le Cri du sang
innocent*, le *Procès criminel de Montbailly :* tels sont les
plus importants.

Quand on lit ces mémoires, l'esprit est frappé du sentiment généreux et humain qui les anime. En songeant au
ton de raillerie souvent amère qui règne dans la plupart
des autres ouvrages de Voltaire, parfois on a été surpris
de rencontrer ici cette émotion, on l'a considérée comme
simulée, on y a vu un artifice dont il aurait usé pour gagner
à ses protégés de plus nombreux partisans. Mais, porter
un jugement pareil, c'est se tromper singulièrement. Sans
doute Voltaire a ri' de bien des sottises ; peu de travers
ont trouvé grâce devant sa plaisanterie impitoyable ; plus

qu'aucun autre homme peut-être il a prodigué la raillerie
et s'est moqué de ses semblables : et cependant, il les a
beaucoup aimés. Il n'y a là, d'ailleurs, aucune contradic-
tion : presque tous, en effet, nous venons à la vie avec une
disposition naturelle à croire au bien chez les autres et à
les aimer sincèrement; plus tard, il est vrai, quand nous
voyons se dérouler autour de nous le tableau des méchan-
cetés et des faiblesses humaines, notre cœur se resserre,
et bientôt nous n'éprouvons à l'égard des hommes qu'un
sentiment de colère, ou, plus ordinairement, d'indifférence
mêlée de mépris; mais les âmes vraiment supérieures, et
Voltaire était de ce nombre, peuvent, même avec cette
connaissance approfondie des hommes, conserver encore
pour l'humanité un véritable amour. C'est ainsi que Voltaire, aussi bien dans les dernières années de sa vie qu'au
sein des enchantements de sa jeunesse, a toujours été sensible à tous les maux de l'humanité. Sans doute, le Christianisme a produit des hommes plus attentifs que lui aux
souffrances individuelles: il n'avait rien d'un Vincent de
Paul; le sentiment qui l'a enflammé n'est pas le sentiment
de la charité, cette charité qui fait que nous souffrons
quand nous voyons souffrir notre semblable, quelle que
soit la cause de sa douleur, et que nous puissions ou non
l'adoucir. Voltaire obéissait à un autre mobile. Ce sont les
grands intérêts, l'ordre, la liberté, la justice, le bonheur
de l'espèce humaine, qui l'émeuvent. Les hommes, comme
individus, lui paraissent mériter peu de sympathies, et il
le dit hautement : mais que l'ignorance ou l'erreur en-
vahisse l'esprit humain, que la liberté de conscience soit
étouffée, la justice indifférente ou oppressive, le droit

violemment foulé aux pieds, il s'émouvra profondément, et, avec une généreuse abnégation de lui-même, avec un entraînement et un dévouement désintéressés, que l'habitude du grand monde n'a pas affaiblis chez lui, il représentera la protestation de l'esprit et de la conscience indignés « contre l'absurde et l'odieux dans le monde » : alors, et comme naturellement, cet homme qui a si souvent traité ses semblables avec un dédain suprême et leur a prodigué les railleries les plus acéréees, trouve des accents émus pour défendre les grands principes de justice et de liberté. Voilà comment Voltaire a *aimé* les hommes.

Ces mémoires laissent loin derrière eux tous ceux des avocats du temps qui d'ailleurs se bornaient en général à plaider et écrivaient peu, leur mérite d'écrivain étant au-dessous de leurs talents oratoires. Pour ne citer que des noms que nous ayons rencontrés dans le cours de notre travail, nous dirons que ni les mémoires de Mariette, empreints d'une trop grande sécheresse, ni ceux de Loyseau de Mauléon au style maniéré et souvent déclamatoire, ni ceux d'Élie de Beaumont, bien qu'ils soient, dans l'affaire Calas, supérieurs à la plupart des mémoires contemporains, ne peuvent supporter la comparaison avec ceux de Voltaire. En dehors du barreau, le mémoire du fils de Lally-Tollendal, œuvre éloquente à laquelle le sentiment de la douleur n'enlève rien de son énergie; et, en remontant au siècle précédent, les mémoires de Pellisson pour Fouquet, témoignage d'un admirable dévouement, et d'une valeur littéraire d'ailleurs incontestable, sont également au-dessous de ceux de Voltaire. Il faut juger de même les mémoires de Servan et de Dupaty, dont nous parlerons plus loin. Voltaire avait d'ailleurs les idées les plus justes sur les qualités que doit renfermer un mémoire judiciaire; la correspondance qu'il entretenait dans l'affaire Sirven nous le montre donnant sur cette question des conseils judicieux, émettant des réflexions pleines de vérité : « Un mémoire, écrit-il à Damilaville, doit être dépouillé des accessoires qui ne font que ralentir l'intérêt et refroidir les lecteurs;... il faudrait que le mémoire d'Élie n'eût ni la pesante sécheresse du barreau, ni la fausse éloquence de la plupart de nos orateurs. » Il écrit à Élie de Beaumont : « La véritable éloquence et même la langue sont d'ordinaire trop négligées à votre barreau, et les plaidoyers de nos avocats n'entrent point encore dans les bibliothèques des nations étrangères. » Voltaire, on le voit, n'admirait guère les avocats de son temps. Ajoutons, ce qui est plus grave, qu'il ne prisait pas davantage la profession du barreau elle-même. « Les avocats, écrivait-il, invoquent une loi et un témoignage, apportent des raisons victorieuses, parlent de l'ordre moral et politique, et de l'ordre des avocats, et l'emportent beaucoup sur maître Petit-Jean. » Pareil langage se retrouve en maint endroit de ses œuvres, et sa pensée sur ce point est évidente. Souvent, il est vrai, pour les nécessités de la cause, il a prodigué aux avocats les éloges les plus flatteurs : mais, au fond, le genre de talent que doit déployer l'avocat paraissait à Voltaire un genre *faux*; sa raison, qui, en toutes choses, allait droit au but, n'admirait pas un art où l'esprit doit s'accoutumer à des exercices peut-être défavorables à la rectitude du jugement; amoureux, et pour ainsi dire fanatique de sim-

plicité, il n'était pas à l'aise avec les longues périodes, à
la forme parfois prétentieuse ou ampoulée, et les inévita-
bles lieux communs qu'il trouvait dans les plaidoyers et
les mémoires judiciaires du barreau. Et cependant, résultat
vraiment digne d'attention, ce même Voltaire qui a tant
critiqué les avocats, et si souvent répété que « leur éloquence n'est qu'un pathos de collége, » a, par une sorte
d'influence fatale, pris lui-même quelque chose de leurs
défauts dans la partie de ses ouvrages où il a abordé leur
terrain, c'est-à-dire dans ses mémoires judiciaires. Certes,
nous y trouvons toujours cette langue excellente, dont la
séduction attire et retient, simple, rapide, qui par la pré-
cision et la propriété des expressions rappelle, avec plus
d'élégance, celle de Pascal, ce style où l'industrie de
l'écrivain semble absente, qui paraît facile à imiter et qui
est inimitable; et pourtant, s'il était permis de dire que
l'on peut quelquefois, dans les quatre-vingts volumes dont
se composent ses œuvres, trouver Voltaire, non pas assu-
rément déclamatoire (là même où il est le moins simple,
il l'est plus encore qu'aucun autre auteur, tellement la
simplicité est son élément), mais peut-être plus préoccupé
qu'il ne l'est d'ordinaire de la forme même de la phrase,
ce serait dans les mémoires dont nous parlons. C'est ainsi
qu'en prenant la défense de Calas, de Sirven, de La Barre,
Voltaire n'a pas été avocat à demi.

On a souvent comparé les mémoires de Voltaire à ceux
de Beaumarchais. Mais si ces deux hommes se sont res-
semblés par certains côtés de l'esprit et du caractère; s'ils
ont été tous les deux des littérateurs et les plus spirituels
de leur temps; si, dans les luttes qui ont rempli leur

existence, ils se sont montrés l'un et l'autre adversaires
infatigables et toujours prêts; si chacun d'eux a écrit, non
pour le plaisir d'écrire, mais pour satisfaire sa raison ou
sa passion; s'ils ont abordé tous les deux le terrain judiciaire; si, en un mot, ils se sont touchés par plusieurs
points, il faut reconnaître que, du moins, leurs mémoires
sont très-dissemblables : par cette raison que, en s'occupant des choses de la justice, ils ne se proposaient pas
le même but. Voltaire, nous l'avons dit, a voulu défendre
la liberté et la justice opprimées. C'est un homme seulement, ou une famille, qui souffre; mais dans cet homme,
dans cette famille, il voit la cause de l'humanité tout
entière : en combattant pour quelques infortunés, il com-
battra donc pour la tolérance contre le fanatisme, pour
la vérité contre le mensonge, pour la douceur contre la
cruauté. Le sujet s'élevant à cette hauteur, le ton général de l'ouvrage s'en est naturellement ressenti : on peut
dire (en laissant de côté les taches que nous avons indi-
quées tout à l'heure, qui tiennent à la nature judiciaire
du sujet, d'ailleurs insignifiantes et ne diminuant en rien
le mérite général de l'œuvre) que ces mémoires de Voltaire sont écrits avec une énergie calme, une passion sé-
rieuse, une indignation contenue; ce n'est pas un avocat
qui plaide pour un client vulgaire, c'est un philosophe
qui travaille au triomphe de la raison. Est-ce là la situation de Beaumarchais? D'abord, à la différence de Voltaire, il plaide pour lui-même et fait sa propre affaire;
puis, son but n'est pas de transformer la société, mais de
gagner une somme d'argent et de faire tomber en confusion un adversaire détesté : dès lors, au lieu de composer,

comme Voltaire, une dissertation, émue sans doute et
même indignée, parfois aussi piquante, mais toujours mo-
dérée et pleine d'élévation, il publie un pamphlet. Voilà
toute la distance qui sépare les mémoires de Voltaire de
ceux de Beaumarchais.

La nature de la cause que soutient l'avocat exerce une
influence si décisive sur l'allure générale de son langage,
que, dans un procès où Voltaire n'a pas eu à plaider pour
un grand principe, mais pour un intérêt simplement pécu-
niaire, il a eu lui-même un ton bien différent de celui
qui règne dans ses autres mémoires : nous voulons parler
du procès du comte de Morangiès. Une veuve Verron et
sa famille prétendaient avoir remis au comte de Morangiès trois cent mille francs. Celui-ci niait le prêt. Il est
difficile de dire de quel côté était l'imposture. Voltaire
fit en faveur du comte de Morangiès un mémoire considérable, qui débutait par un chapitre curieux à consulter
sur les *probabilités en fait de justice*. Dans ce mémoire,
où il se proposait le même but que Beaumarchais dans son
pamphlet célèbre, une somme d'argent à gagner et un
adversaire à confondre, à cette différence près qu'il plai-
dait pour un ami tandis que l'auteur du *Mariage de
Figaro* travaillait pour lui-même, Voltaire ressemble à
Beaumarchais. Sa discussion n'est plus seulement vive et
naturelle, il a une verve de plaisanterie intarissable ; il est
ironique et mordant ; il manie le sarcasme avec une adresse
infinie ; son style est tantôt gai, tantôt dramatique ; parfois noble, parfois rapproché du grotesque ; pour ridiculiser ses adversaires, il fait d'eux la caricature la plus ori-
ginale ; il ne recule ni devant les insinuations, ni devant

les révélations. Beaumarchais, avec ses qualités admirables de polémiste, et ses défauts au point de vue de la décence et peut-être de la vérité, est là tout entier. On le chercherait vainement, au contraire, dans les mémoires de Voltaire pour Calas, Sirven, La Barre et Montbailly. C'est que, là, Voltaire n'est plus dominé par une question personnelle ou un intérêt particulier, et que ces mémoires ne sont qu'un épisode de la lutte entreprise par lui, avec une seule passion, celle du bien public, pour refaire la société et lui donner des mœurs plus humaines, des lois plus justes, une tolérance plus réelle, une liberté plus vraie : tel est, en effet, le but qu'a poursuivi Voltaire pendant soixante années.

Ce but, il eut la consolation, avant sa mort, de voir la société, non pas l'atteindre, mais s'en rapprocher. Nous avons montré, vingt années auparavant, la royauté indifférente, les parlements entêtés, étroits, durs, le barreau lié à la magistrature et presque aussi immobile qu'elle, la littérature timide encore dans ses attaques : en 1778, tout a bien changé.

La littérature s'est transformée; obéissant à un mouvement tout politique, la philosophie envahit l'administration et la justice.

Le barreau, excité par la voix des philosophes, a cessé de se taire devant les condamnations injustes et d'applaudir aux résistances des parlements : dans les années qui précèdent la mort de Voltaire, il n'est guère de plaidoirie célèbre, de mémoire judiciaire important, où les questions si délicates, soulevées par la barbarie de la procédure et

des peines, ne soient discutées par ce barreau qui naguère
encore n'osait pas les aborder. Son examen s'étend même
en dehors de nos lois criminelles. C'est à ce moment, en
effet, qu'à l'occasion des Protestants, si longtemps privés
de toute condition civile, il s'occupe de l'état des cultes
dissidents. Dans l'affaire du vicomte de Bombelles, Linguet, plaidant pour une femme protestante que son mari
délaissait en invoquant la nullité du mariage, fait entendre
les plus nobles accents ; Portalis, alors jeune avocat au
parlement d'Aix, compose, sur cette situation des Protestants, un véritable traité où la cause du droit et de la raison est plaidée avec une grande élévation de sentiments,
et qui contient les réflexions les plus sagaces sur le mariage considéré comme contrat civil ; Target fait, au sujet
de la marquise d'Anglure, protestante, dont le parlement
de Bordeaux avait annulé l'état civil, un mémoire qui a un
grand retentissement. Touchant à des questions encore plus
graves, Bergasse proteste, dans le procès Kornmann,
contre les lettres de cachet, élève même la voix en faveur
de la liberté de la presse, des États généraux, des *droits
de la nation*. De toutes parts, en un mot, les avocats commencent, en législation, en philosophie, en morale politique, à professer des opinions généreuses. Déjà entre dans
la vie cette génération d'avocats qui figurera en majorité
à l'Assemblée constituante, où, animée d'un véritable esprit politique, elle défendra la cause des idées libérales et
modérées ; redoutant les excès qui compromettent toujours la cause de la liberté ; habituée aux réalités de la vie
et ne se berçant pas de rêves ; n'attendant de la Révolution que ce qu'il est en son pouvoir de donner ; essayant

enfin de la calmer et de la diriger, ce qui est toujours, ils
en feront la triste expérience, « le rôle que les révolutions
pardonnent le moins. »

La magistrature, elle aussi, n'est plus la magistrature
d'autrefois : elle a subi une double transformation.

D'abord, elle a perdu quelque chose de son ancienne
omnipotence ; elle n'inspire plus cette vénération qui em-
pêchait de voir ses vices et de reconnaître ses fautes. La
décadence a commencé surtout avec le coup d'État de Maupeou, qui avait affaibli le pouvoir des corps judiciaires.
Elle augmente encore sous le nouveau parlement. C'est
alors, en effet, qu'eut lieu ce procès fameux où Beaumarchais accusa de corruption le conseiller Goëzmann et ba-
foua dans sa personne le corps tout entier. On a souvent
dit que Beaumarchais avait renversé le Parlement Maupeou ; il n'en est rien. Un pamphlet est par lui-même sans
force. Il n'a de retentissement que s'il répond au sentiment public. Ce qui a fait la vogue du mémoire de Beaumarchais, c'est le moment où il a paru : vingt ans plus tôt,
il eût passé inaperçu. A toutes les époques de l'histoire, en
effet, lorsqu'un pouvoir, une institution, ont mécontenté
l'opinion et approchent de leur chute, la réprobation générale se traduit par un pamphlet. Ce n'est pas ce pamphlet
qui amène la chute du pouvoir ou de l'institution qu'il
ridiculise : il est lui-même amené par les motifs qui ont
rendu la catastrophe inévitable ; comme elle, il est un
effet, non une *cause*. C'est ainsi que la Ligue n'a pas été
renversée par la satire Ménippée, mais par l'opinion, qui,
à la fin du xvie siècle, ne voulant plus de la Ligue, rendit
possible la satire Ménippée. Ce qui a renversé le Parlement

Maupeou, ce n'est pas le pamphlet de Beaumarchais, c'est l'état général des esprits en France. Beaumarchais n'a fait que servir à souhait la rancune publique : seulement il s'est acquitté de ce rôle avec une audace et un esprit infinis. Le Parlement Maupeou tomba bientôt sous le ridicule et le mépris; et cependant le souvenir des anciens corps judiciaires, souvent respectables et toujours terribles, était encore si puissant, que ce parlement, qu'on allait renverser, inspirait encore une sorte de crainte révérentielle : Beaumarchais, ayant été appelé à la barre de la Cour, éprouva, malgré sa hardiesse, devant cette magistrature dont il avait osé cependant flétrir d'une manière publique la corruption, un véritable anéantissement : « Je me sentis, dit-il, dans cette salle et devant cette assemblée, le cœur subitement resserré comme si une goutte de sang figé fût tombée dessus et en eût arrêté le mouvement. » Derrière le Parlement Maupeou si bas et si faible, il avait vu se dresser la haute et redoutable figure de l'ancien parlement. Mais le souvenir des magistrats d'autrefois ne pouvait sauver le Parlement Maupeou. Il tomba : et, lorsque l'ancien parlement le remplaça, le public, transformé par les idées nouvelles, le reconnut à peine. C'en était fait de notre ancienne magistrature.

Elle-même d'ailleurs commençait à être pénétrée de l'esprit nouveau. Nous avons vu Voltaire, dans les derniers moments de l'affaire Sirven, recevoir la nouvelle que le parlement toulousain était déjà envahi par les idées de justice et de tolérance; bientôt ce même parlement jette les fondements de la jurisprudence qui met les enfants issus du mariage entre Protestants sous la protection de la

possession d'état. Quelques années auparavant, en 1766,
un jeune avocat général au parlement de Grenoble, Servan,
disciple de Beccaria, s'occupant aussi de cette question,
prend la défense d'une femme protestante répudiée par son
mari, qui, pour être impunément coupable, s'est fait catholique. Bien plus, dans un discours de rentrée, Servan osait
déjà attaquer nos institutions criminelles. Le discours fut
accueilli avec enthousiasme par la philosophie contempo-
raine. Voltaire applaudit à cette protestation d'un magistrat contre des lois que les magistrats appliquaient sans
une hésitation de conscience. « M. Servan, écrit-il, a fait
un discours pathétique sur le *Traité des délits et des
peines;*... il se taille des ailes pour voler bien haut. Il
vint, il y a deux ans, passer quelques jours chez moi;
c'est un jeune philosophe plein d'esprit; il pense profondément... La raison et l'humanité commencent à percer de
tous côtés. » Quinze années plus tard, un président à
mortier du parlement de Bordeaux, Dupaty, ami de Beaumarchais, protecteur de Vergniaud qui débutait alors sous
ses auspices au barreau girondin, publiait, à l'occasion de
trois paysans condamnés à la roue, un mémoire où il
attaqua notre législation criminelle, surtout le mode d'interrogatoire des accusés, la nature des témoignages pro-
duits contre eux et le défaut d'assistance de défenseurs.
Ce mémoire fut applaudi de toute la France. L'avocat
général Séguier répondit par un long réquisitoire : « ... Il
ne sied point, s'écria-t-il d'un ton solennel, de toucher à
l'ordre établi depuis tant de siècles, de renverser un édi-
fice construit par les mains les plus expérimentées. » C'est
le langage banal et vide de sens que, de tout temps, on a

fait entendre aux réformateurs; et, de nos jours, on n'oppose pas d'autre réponse à ceux qui croient que l'état social, politique et religieux du monde est imparfait et doit progresser encore. Le mémoire de Dupaty fut brûlé au pied du grand escalier. C'est ainsi qu'à toutes les époques, avec une obstination aveugle qui ne prouve qu'une chose, la vanité et l'inintelligence de ceux qui s'imaginent follement disposer à leur gré des consciences humaines, on a essayé d'étouffer la lumière. Risibles efforts! comme s'il était possible à l'homme d'empêcher par la force le triomphe de la raison!

Cependant, malgré ces résistances trop fréquentes encore, la royauté elle-même semblait prendre part à l'élan général. Louis XVI est monté sur le trône. D'une intelligence médiocre et d'une volonté plus faible encore, mais doué d'instincts honnêtes et de quelque bon sens, aimant d'ailleurs le peuple autant qu'un roi peut *aimer* ceux qu'il regarde comme ses *sujets*, il avait appelé au ministère Malesherbes et Turgot : le premier, magistrat plein d'une véritable grandeur, un des hommes de bien qui ont le plus honoré la France ; le second, philosophe et publiciste du premier ordre, égalant presque Montesquieu ; l'un et l'autre sincèrement épris de la liberté. Sans doute, la royauté n'osa point encore prendre le rôle que les circonstances lui offraient ; et Turgot, qui avait assez de génie pour embrasser l'étendue du désastre prochain, et assez de sang-froid pour le conjurer, en donnant d'avance à la Révolution ses satisfactions les plus légitimes, n'était pas assez secondé par le roi, toujours irrésolu et flottant au gré de mille impulsions contraires.

Néanmoins, pour ne parler que des choses judiciaires, c'est sous le règne de ce prince que le Conseil du roi défend d'employer en justice les lettres interceptées; une déclaration de 1780 abolit la question préalable; en 1787, un édit restituera aux dissidents l'état civil; en 1788, le roi forcera, à la veille de la Révolution, il est vrai, c'est-à-dire trop tard, le parlement à enregistrer des édits qui donneront satisfaction aux philosophes sur quelques-uns des points où ils ont sollicité des réformes.

Dans ce mouvement des esprits, timide encore, mais déjà prononcé, qui emportait la société vers une transformation générale, dans ce triomphe des idées vraies, Voltaire n'avait pas seul sa part de gloire. Les autres philosophes et publicistes français, au premier rang Montesquieu et Rousseau : Montesquieu, mâle génie, dont le bon sens pénétrant et la haute raison étudient les mœurs et les abus de son temps, qui marque un but précis aux idées, encore vagues et à l'état d'instincts, d'où naîtra la Révolution, qui explique les ressorts de la monarchie française et montre l'étroite relation existant entre les formes judiciaires et les formes politiques; Rousseau, l'apôtre éloquent des idées et des sentiments que la civilisation a étouffés, l'interprète passionné des vœux et des aspirations du siècle, l'homme qui a cru de toutes les forces de son âme au bien absolu en toutes choses et à la possibilité de le réaliser, qui a enseigné avec l'ardeur impétueuse qui ne l'abandonne jamais le respect de la nature humaine; en Italie, ces hommes généreux, qui essayaient d'exciter dans les esprits un mouvement philosophique, Beccaria, ce noble Milanais,

qui voit dans les lettres un moyen de transformer la société,
l'auteur du *Traité des délits et des peines;* Filangieri,
brillant seigneur de la cour de Naples, un des hommes qui
ont le plus sincèrement désiré le bonheur de leurs semblables, qui, dans son ouvrage *La science de la législation,* plein des réflexions les plus sagaces sur nos lois criminelles, réclame déjà une partie des garanties que nous
avons obtenues plus tard; Pierre Verri, Gianone; tant
d'autres enfin : tous ces hommes peuvent revendiquer une
large part dans le progrès qui s'est accompli avant la
Révolution de 89.

Mais, à côté d'eux, quel rôle immense que celui de
Voltaire! Tandis qu'ils ont émis des idées philosophiques,
construit des théories, composé des livres, lui, abordant le
côté pratique de l'œuvre, travaille à émouvoir réellement
les âmes avec ces faits qui n'arrachent aux autres que des
considérations spéculatives. Les ouvrages de Montesquieu
et de Rousseau, de Beccaria et de Filangieri, et des autres
grands publicistes du temps, font connaître aux hommes
leurs droits, mais ne les relèvent pas de l'impuissance de
les faire prévaloir. Ils les instruisent, mais les laissent dans
l'isolement, c'est-à-dire dans la faiblesse. Chaque province
s'émouvra sans doute des atrocités commises dans son
sein, mais les provinces voisines resteront indifférentes :
nulle opinion publique; la justice peut tout oser, le gouvernement tout braver. Bien différente est la tactique de
Voltaire : qu'un innocent soit frappé, il proteste, et chaque
jour, presque à toute heure, pendant des années entières,
il répétera sa protestation; elle se répand peu à peu,
de province en province, et enfin elle soulève tous les

cœurs contre l'iniquité commise. Dès lors, l'opinion publique existe avec son influence bientôt toute-puissante. C'est Voltaire qui l'a créée : ce n'est pas Montesquieu ou Rousseau. Il l'a créée, en s'adressant à tout le monde et en forçant tout le monde d'entendre sa voix ; en représentant par un nom, Calas, La Barre, Montbailly, Lally-Tollendal, chacune des grandes idées pour lesquelles il combat, c'est-à-dire en leur faisant quitter le domaine de la spéculation pour celui de la réalité ; en les rendant ainsi plus intéressantes, plus susceptibles d'exciter la passion, en même temps que, par un effet réciproque, les causes des infortunés qu'il défend et qui, abandonnées à elles-mêmes, eussent été bientôt oubliées, prennent une plus haute importance par la grande idée ou l'intérêt général auxquels elles se rattachent.

S'adresser à tout le monde, parler un langage que pussent comprendre toutes les intelligences et tous les cœurs, voilà ce qu'a fait Voltaire. Aussi, tandis que Montesquieu s'enveloppe souvent d'allusions, fuit le langage direct d'un réformateur et demande quelquefois, pour être bien compris, que déjà ses lecteurs soient assez érudits ; tandis que Rousseau peut ne pas enthousiasmer toujours ceux qui n'ont pas une admiration exclusive pour la forme ; tandis que les publicistes italiens se bercent souvent de rêveries qui pourraient ne pas satisfaire l'esprit de la foule, Voltaire se fait toujours comprendre de tous. Et c'est ainsi que, pendant les vingt années qui ont précédé la Révolution, tout le monde a été comme imprégné de Voltaire. Ses idées, répandues partout, et qu'on s'assimilait si vite que chacun croyait bientôt les avoir toujours eues, étaient

devenues la véritable monnaie courante. Presque tous les
hommes qui ont composé nos trois assemblées de la Révolution avaient été nourris de Voltaire, et le fond de leur
esprit, c'était l'esprit de Voltaire. Seulement, comme il
faut dans les assemblées, aux temps de crises, présenter,
sur toutes les questions politiques et sociales, des *systèmes,* et qu'il n'en avait jamais construit un seul, ils se
tournèrent vers Montesquieu et Rousseau ; et, de la sorte,
ils ont apparu à la postérité comme les disciples de ces
grands hommes; eux-mêmes croyaient l'être : en réalité,
pour toutes les idées essentielles, ils vivaient sur celles de
Voltaire. Qu'est-il arrivé plus tard? que, les systèmes pris
dans Montesquieu et Rousseau étant tombés un jour comme
tombent tous les systèmes, ces deux philosophes ont été,
de nos jours, mis un peu de côté : il ne faut pas se le dissimuler, quoique d'hier, ils vieillissent déjà, Rousseau surtout. Voltaire n'a pu tomber, au contraire, avec aucun
système, puisqu'il n'en avait édifié aucun ; et il est aujour-
d'hui ce qu'il était à la veille de la Révolution. Sans doute,
les grands écrivains du XIXe siècle se rattachent plutôt,
par la forme du style, à Rousseau qu'à Voltaire : mais
laissons de côté l'apparence extérieure ; le fond des idées
de ces grands écrivains eux-mêmes, c'est Voltaire. Et si,
de là, nous passons à l'ensemble de la société, nous voyons
que ses idées et ses croyances sont les idées et les croyances
de Voltaire. « Croyance à Dieu, à la liberté, à la morale, distinction de l'âme et du corps, conviction de l'immorta-
lité : » c'est là toute la philosophie de Voltaire; n'est-ce pas
encore, de nos jours, toute celle des hommes qui pensent? En
politique, il voulait le gouvernement que nous appellerions

aujourd'hui le gouvernement parlementaire, « qui conserve tout ce que la monarchie a d'utile et tout ce qu'une république a de nécessaire ; » l'immense majorité des Français en est là, à notre époque. En matière judiciaire, il voulait de nombreuses réformes, que nous avons énumérées ; nous n'allons pas plus loin que lui. On peut donc dire qu'il représente l'esprit humain dans notre pays, aujourd'hui comme avant la Révolution. C'est qu'il n'a pas été seulement un philosophe, un poëte, un historien ; il a été l'homme dans lequel s'est montré *à nu* le fond de l'esprit français, fond qui reste le même sous les apparences diverses que lui donnent les générations successives. Voilà pourquoi Voltaire restera toujours comme s'il était de la veille. M. Villemain a pu dire : « Il domine ceux-là mêmes qui repoussent son nom. »

Que si, pour ne pas franchir les limites de cette étude, nous étudions seulement son influence sur la réforme de nos lois criminelles, il est facile de voir qu'elle a été prépondérante. Presque tous ceux qui ont élaboré notre Code d'instruction criminelle et notre Code pénal appartenaient, en effet, à cette génération qui naissait au milieu du xviiie siècle ; qui rencontra, comme elle arrivait à l'adolescence, Voltaire à son apogée et dirigeant le monde intellectuel et moral ; qui lut avec une ardeur fiévreuse tous ses ouvrages ; qui s'enthousiasma pour ses idées, et qui pensa toujours qu' « on trouve tout dans Voltaire ; » assurant, selon l'expression de M. de Tracy, qu'il ne reste, après l'avoir lu, qu'à le relire, et que cette lecture tient lieu de celle de tous les autres auteurs, même des plus célèbres. Dans les questions criminelles qu'ils eurent à résoudre

plus tard, le défenseur de Calas et de La Barre dut donc
leur servir de guide. Du reste, ne l'oublions pas, ce sont
les vœux exprimés dans les cahiers des États généraux
que l'on a essayé de réaliser, du moins en partie, dans
nos lois criminelles : or, ces vœux, qui s'élevaient de toute
la France, qu'étaient-ils, sinon la traduction des idées de
Voltaire? N'était-ce pas lui qui, par ses protestations éloquentes, avait créé une opinion publique en France? Les
populations, poussées par lui à la revendication de lois plus
humaines, ne firent, en exprimant plus tard leurs sentiments dans les cahiers, que répéter le langage qu'il leur
avait si souvent fait entendre : et c'est ainsi que les idées
de Voltaire ont passé d'abord dans les cahiers de 89, puis,
en partie, dans notre législation criminelle.

Mais, avant de pénétrer dans nos lois, ces principes
qui doivent présider à l'administration de la justice, et
que Voltaire avait proclamés, allaient être, et plus terri-
blement encore que par le passé, violés pendant la Révolution. On a dit souvent que si Voltaire avait assisté à cette
période agitée de notre histoire, elle l'aurait surpris,
désolé, et qu'enfin lui-même eût été victime du mouvement qu'il avait tout fait pour préparer. Il est certain, en
effet, qu'après avoir, à l'aurore de la Révolution, applaudi
aux nobles efforts de l'Assemblée constituante, il aurait
éprouvé, devant les excès de la Convention, une douleur
immense. Mais sa surprise eût été moindre : c'est que personne ne savait, mieux que lui, qui a si souvent caractérisé
les Français « un peuple passant sans interruption des
amusements du spectacle aux plus effroyables boucheries, »
à quelles horreurs ils peuvent se livrer; le sang versé en

93 l'aurait donc indigné, mais comme l'avaient indigné les
massacres commis pendant des siècles au nom de la religion, et sans l'étonner davantage. Seulement sa voix généreuse se fût élevée. En voyant se succéder à l'échafaud
toutes ces grandes figures de la Révolution, que vouait au
supplice une politique insensée, il eût trouvé dans ce
cœur, d'où s'étaient échappées tant de protestations contre
l'injustice humaine, des accents nouveaux et toujours émus
pour défendre les nouvelles victimes de la fureur des
hommes. Que serait-il sorti de ces efforts héroïques?
Aurait-on, au milieu de la tempête, écouté cette voix qui,
dans des temps plus calmes, avait dominé la société tout
entière? On ne saurait le dire ; mais c'eût été, du moins,
un beau spectacle que celui de cet homme, qui, après avoir
soutenu la justice et la liberté contre l'Église ou les parlements, les aurait encore, avant de mourir, défendues
contre le despotisme de la foule : changeant ainsi d'adversaires, mais ne changeant ni de but, ni de convictions.

Aujourd'hui, bien que Voltaire soit un homme de notre
époque, autant qu'il ait jamais été du xviii⁰ siècle, la postérité a déjà commencé pour lui, et nous pouvons nous
faire une juste idée de sa véritable grandeur. Pour juger
un homme, il faut, en effet, ou vivre tout à fait de son
temps, ou ne venir que longtemps après lui : ceux qui lui
succèdent immédiatement et qui, sans être encore la postérité, n'ont pas été les témoins de sa vie, ne peuvent connaître aussi exactement que les contemporains chacun
des faits qui ont rempli son existence; et, d'un autre côté,
encore trop rapprochés de lui pour voir les choses dans

leur ensemble, ils ne peuvent en apprécier l'harmonie
générale, comme les générations suivantes qui les aperçoivent de plus loin : c'est ainsi que, sur la plupart des
hommes, cette génération *intermédiaire* a porté un jugement, différent à la fois du jugement des contemporains et
de celui de la postérité. Voltaire en a fait doublement
l'expérience. Immensément admiré par les hommes de son
temps, il s'éteignit dans une véritable apothéose. Mais au
commencement de ce siècle, sous l'influence de Mme de
Staël et de Chateaubriand en France, de Gœthe et de
Schiller en Allemagne, de Walter Scott et de Byron en
Angleterre, on se détacha beaucoup de lui et on se prit
même à le juger avec sévérité. Plus tard enfin, les juge-
ments des contemporains et de la postérité se ressemblant
le plus souvent, on lui rendit de nouveau justice; et,
aujourd'hui, après quatre-vingt-dix ans écoulés, il est aussi
grand que dans les dernières années de sa vie. Mais allons
plus loin : à la mort de Voltaire, quelle œuvre admirait-on
le plus, parmi celles qu'il laissait? Un avocat, dont nous
avons déjà rencontré le nom, Linguet, publia, quelques
années avant la Révolution, un Essai, peut-être un peu
sévère, mais qui donne bien l'opinion générale des contemporains sur Voltaire. Après avoir rendu justice aux qualités
de l'écrivain, il ajoute, passant à la défense de Calas, de
La Barre, de Sirven, qu'il regarde comme le titre le plus
sérieux de ce grand homme, devant la postérité : «... Grâce
à lui, les mœurs sont devenues plus douces, et les yeux
plus ouverts sur ce qui pouvait les blesser. Des arrêts qui
trente ans plus tôt n'auraient pas excité la moindre sensa-
tion, ont été cassés par la voix publique qui a forcé le gou-

vernement de ratifier ce cri de la nation et de la justice...
C'est à M. de Voltaire qu'on en a l'obligation... : il a des
droits à la reconnaissance de ses contemporains et de la
postérité. » Tel est le jugement porté par le dernier siècle
sur Voltaire. Plus tard, à l'époque où on essaya de le diminuer, ce qui excitait encore quelque admiration, c'étaient
(comme si on eût pris à tâche de renverser tout ce qu'avait
pensé de lui le siècle passé!) ses poésies légères, ses romans, même ses tragédies : des nobles causes qu'il avait
soutenues avec tant de désintéressement et de véritable
courage, il n'était plus question, à moins qu'on ne cher-
chât, ce qu'on a osé faire, à trouver, dans ces procès si
glorieux pour lui, un exemple de légèreté et de mauvaise
foi. Aujourd'hui que nous avons replacé Voltaire sur le
piédestal que lui dressèrent ses contemporains, nous re-
commençons aussi, par une conséquence naturelle, à voir,
comme eux, dans ces réhabilitations d'infortunés, son plus
durable titre de gloire : et ce jugement, l'avenir le consa-
crera.

Ses tragédies, déjà vieillies pour la plupart, pourront
tomber dans l'oubli ; ses romans, ses contes, ses ouvrages
historiques, même ses poésies légères, recevront peut-être
quelque atteinte du temps : mais, tant que l'esprit de fanatisme essayera encore de gouverner le monde, on se rappellera Calas et Sirven ; tant que la société civile, osant
scruter les consciences, punira des fautes qui n'existent
que devant la loi religieuse, on se rappellera le chevalier
de La Barre ; tant que la passion politique fera d'une défaite un crime irrémissible et traitera comme un coupable
celui dont il faudrait respecter le malheur, on se rappellera

Lally-Tollendal ; tant que des juges, disposés à voir partout des coupables, condamneront sans preuves et frapperont des innocents, on se rappellera Montbailly et tous les clients de Voltaire. Ses généreuses protestations seront louées, exaltées sans cesse, pour le bien qu'elles ont produit dans le passé, pour le bien qu'elles produiront encore dans l'avenir ; et c'est ainsi que, par ce côté où il s'est montré réellement homme, dans le sens le plus élevé du mot, Voltaire vivra toujours, tant qu'il y aura dans le monde une humanité opprimée. Sa gloire même est de celles qui grandiront avec les siècles, s'il est vrai, comme on doit l'espérer, qu'en se civilisant chaque jour davantage, la société verra tout d'un plus juste regard ; qu'elle s'éloignera de ceux qu'on est jusqu'ici convenu d'appeler les grands hommes, ces aventuriers audacieux contempteurs de tout droit, ces bruyants héros des champs de bataille, ces destructeurs d'empires, indifférents à la vie de leurs semblables et à l'avenir moral du monde, et qu'elle réservera le tribut tout entier de son admiration à ceux qui l'ont aimée de tout leur cœur, instruite de toute leur raison, et qui, lui faisant chérir, non les triomphes vains ou coupables de la force, mais la justice et la liberté, l'ont rendue meilleure et par conséquent plus heureuse.

PARIS. — J. CLAYE, IMPRIMEUR, RUE SAINT-BENOIT, 7. — [1000]

www.ingramcontent.com/pod-product-compliance
Lightning Source LLC
Chambersburg PA
CBHW052056270326
41931CB00012B/2785